贵州省罗甸县全国劳模群英谱

逐梦新时代

主 编／闵 端

副主编／郑东升　王世昌

贵州大学出版社

Guizhou University Press

图书在版编目（CIP）数据

"逐梦新时代"：贵州省罗甸县全国劳模群英谱 /闵端主编.
--1版.--贵阳：贵州大学出版社，2022.5
ISBN 978-7-5691-0589-6

Ⅰ.①新时代… Ⅱ.①闵… Ⅲ.①罗甸县 –
劳模群英谱 Ⅳ.①A841.698

中国版本图书馆CIP数据核字（2022）第071795号

"逐梦新时代"：

贵州省罗甸县全国劳模群英谱

主　　编：闵　端
副 主 编：郑东升　王世昌
封面题字：罗绒文

出 版 人：闵　军
责任编辑：钟昭会
校　　对：吴亚微
装帧设计：陈　丽

出版发行　贵州大学出版社有限责任公司
　　　　　地址：贵阳市花溪区贵州大学北校区出版大楼
　　　　　邮编：550025　电话：0851-88291180
印　　刷　贵阳精彩数字印刷有限公司
开　　本：710 毫米×1000 毫米　1/16
印　　张：13
字　　数：176千字
版　　次：2022年5月第1版
印　　次：2022年5月第1次印刷

书　　号：ISBN 978-7-5691-0589-6
定　　价：88.00元

编委会

前　言

走进劳模的故乡——罗甸

◎ 罗甸县城全景

　　罗甸县地处贵州省正南端的珠江水系干流红水河中上游北岸，东经160°23′—107°03′，北纬25°04′—25°45′，全县总面积3015平方千米，是黔南布依族苗族自治州（简称黔南州）地域面积最大的县。罗甸是集"老少边穷"于一身的少数民族聚居区。多年来，特殊的地理环境，恶劣的自然条件和落后的生产方式，严重制约了地方经济、社会、文化的发展。世世代代的罗甸人民在这样特殊的环境中生存、繁衍、生息、发展，比起一马平川的中原和水乡泽国的江南人民，他们的生存之路显得艰难百倍。

历代罗甸各族儿女只能依靠自力更生、自强不息、坚韧不拔苦干实干的精神，在这片贫穷的土地上努力建设自己的家园。新中国成立后，位于贫困山区的罗甸不断涌现劳模，尤其是20世纪90年代后，以何元亮为代表的大关人创造的"大关精神"，在贫困山区点燃了希望之火、奋进之光，为喀斯特石漠化山区脱贫致富找到了一条出路，为贵州乃至全国反贫困大业树立了榜样，成为贫困山区干部和群众干事创业的精神力量支撑。

民族精神是一个民族生存和发展的精神支柱，是一个民族生命力和凝聚力的重要体现。中华民族精神生长于中华民族数千年文明进步的历程中，内化为中华民族的性格特质和意志本色，是中华民族之魂，是中华民族生命力、凝聚力和创造力的不竭源泉。为了民族的独立、解放、发展和强大，一代又一代中华儿女前赴后继，进行了不屈不挠的奋斗，留下了无数可歌可泣的爱国主义英雄事迹，由此形成了以爱国主义为核心的团结统一、爱好和平、勤劳勇敢、自强不息的伟大民族精神。千百年来，民族精神薪火相传，越燃越旺。井冈山精神、长征精神、延安精神、红岩精神、西柏坡精神是革命战争时期中华民族精神的突出表现。在当代和平时期，中华民族精神又有了崭新的表现。有"热爱祖国、无私

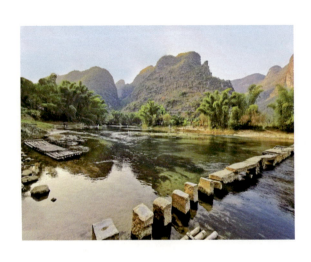

◙ 大小井风光

奉献，自力更生、艰苦奋斗，大力协同、勇于攀登"的"两弹一星"精神；有"万众一心、众志成城，不怕困难、顽强拼搏，坚韧不拔、敢于胜利"的伟大抗洪精神；有"特别能吃苦，特别能战斗，特别能攻关，特别能奉献"的载人航天精神……伟大的中华民族精神，深深根植于罗甸各族儿女的心中，始终是维系罗甸各族人民共同生活的精神纽带，是支撑罗甸人民生存发展的精神支柱和推动罗甸人民走出贫困山区的强大精神动力。

2020 年 11 月 24 日，习近平总书记在全国劳动模范和先进工作者表彰大会上的重要讲话中阐释了劳模精神的科学内涵，即"爱岗敬业、争创一流、艰苦奋斗、勇于创新、淡泊名利、甘于奉献"，这 24 个字概括出了劳模精神最一般、最鲜明和最本质的特征。劳模精神不是无源之水、无根之木。劳模精神植根于 5000 多年的中华优秀传统文化的精神沃土，蕴含了革命文化和社会主义先进文化的红色基因，具有深厚的精神底蕴、文化根基和实践基础。

中华民族 5000 多年源远流长的文明历史，为人类文明进步做出了不可磨灭的贡献。中华优秀传统文化当中蕴含的"民生在勤，勤则不匮""功崇惟志，业广惟勤""天道酬勤""苟日新，日日新，又日新""天行健，君子以自强不息"等优秀因子长期流淌在中华儿女的血液中，代代传承并不断得以发扬光大，为劳模精神的形成提供了深厚的文化底蕴，铺洒了厚重的精神底色。

马克思主义认为劳动创造世界、人民群众创造历史。劳模精神形成并弘扬于中国共产党百年奋斗的伟大实践中。改革开放以来，罗甸人民的自立意识、自强意识、求知意识、开拓创新意识等大大加强。如"大关精神""麻怀干劲"等，在保持优秀传统的同时更具有现代气息和时代风貌，不断为中华民族精神增添富有生命力的新内容。

　　罗甸县少数民族人口众多。在伟大民族精神的鼓舞下，罗甸各族儿女继承了中华民族优良传统，弘扬民族精神，主动担起实现中华民族伟大复兴的历史使命。他们在艰苦的条件下，团结一致、勤劳勇敢、自强不息，始终坚定伟大梦想和脱贫信念，践行爱岗敬业、艰苦奋斗、甘于奉献的信念，在工作中敢于创新、勇于拼搏、勤劳奋进，以昂扬的斗志、饱满的热情在平凡的岗位上践行初心使命，展现新作为，带领人民群众走向脱贫致富的幸福道路，成就了罗甸脱贫事业的胜利！

　　革命先驱留下的事迹和故事，成为罗甸人民战胜一切艰难险阻、取得胜利的强大精神动力。今日之罗甸，正敞开胸怀，冲破层层大山之隔，融入全国、全省、全州改革开放的大潮之中，围绕"一枢纽三基地一湖城"的发展目标和"阳光罗甸　康养湖城"的城市定位，建设贵州南部交通枢纽，打造贵州"海上丝路"桥头堡，加快建设贵州南部新型工业基地、山地特色高效农业示范基地、健康养生基地，着力建设最美湖城，力争成为贵州南部的一颗明珠。

◎ 中共蛮瓦支部旧址

目　录

罗甸县的第一个全国劳模：王甫小荣

王甫小荣（1907—1979），又名王德芳，男，布依族，中国共产党党员，红水河镇安沙寨人。罗甸县原罗羊公社安沙大队（今罗甸县红水河镇云里村安沙组）党支部书记。在其担任大队党支部书记期间，他身先士卒，不等不靠，带领群众兴修水利，精耕细作，试种双季稻，推广新品种，兴办学校，改变了安沙大队"赶山吃饭、轮歇耕作"的落后生产习惯和方式，为红水河畔的安沙人闯出了一片新天地，荣获新中国第一批全国劳动模范荣誉称号。

一、旧社会，逃荒避难于红水河畔

在王甫小荣出生的那个年代，中国积贫积弱，罗甸也不例外。穷苦人家大都有一部辛酸的苦难家史。王甫小荣从小也是在苦水里泡大的。他于清末的 1907 年 8 月出生在城关区夹界乡盘龙寨一个贫苦的布依族农民家

◎ 王甫小荣

庭。父亲叫王甫妥，是帮工出身，常年受尽别人白眼；母亲叫王米妥，是一个勤劳善良的农村妇女。1925年，王甫小荣刚满 18 岁，为逃避国民党反动派的拉兵派款，他随父母兄弟一起逃到荒凉的红水河边安沙寨，搭起了一间茅草棚，靠开荒种地度日。王甫小荣和二弟常年帮人扛长活、打短工，收入微薄。三弟出生后，因家庭贫困养不起，便将三弟送给他人。可怜天下父母心，终年脸朝黄土背朝天地辛勤劳作，一家人才勉强维持生活。

二、为群众，努力改善居住条件

云里村安沙寨位于红水河镇的南面，距镇政府所在地 18 千米，东与广西壮族自治区下老乡隔河相望，南与望谟县接壤，西与罗暮乡交界和罗祥村毗邻，北与罗祥村、羊里村接界。

新中国成立初期的安沙寨，一共有 20 户人家。15 户贫下中农中有 6 人当过长工，9 人打过短工，大家生活都很贫困。除地主、富农外，家家户户住的都是茅草杈杈房，破烂不堪，不能很好地遮风挡雨。一到下雨的时候，屋里就成了"水帘洞"；风大的时候，房顶都能被掀翻。

◉ 红水河风光

◉ 美丽的云里村

　　王甫小荣1954年4月加入中国共产党，转正后不久就担任罗羊公社安沙大队党支部书记、高级农业合作社主任。他积极响应党的号召，带领群众开展清匪反霸、土地改革、农业合作化运动，坚定不移地走社会主义道路。他深深感受到，在中国共产党和毛主席的英明领导下，人民翻身当家做主了，开始过上安居乐业的生活了。但是，住房条件太差了，和中华人民共和国成立前没有什么两样。怎样才能让群众都过上社会主义幸福生活呢？王甫小荣心想：必须要发动群众，帮助群众尽快改善居住条件。就这样，从20世纪60年代以来，他发动群众，依靠集体的力量，利用本地区树木多，土质好的特点，有计划地修建土木结构的新房。本着先贫下中农，后其他群众；先困难户，后一般户；先群众，后干部的原则，真正做到"修好一栋，安排一户"。累计下来，先后由集体安排修建了20多栋新房子，大多数家庭都搬进了新家。王甫小荣首先考虑的永远是群众，从不考虑自己。直到大家都住进了新房子，他才安排自己的搬家事宜。经过大家的努力，安沙寨子30多户人家都盖了新房。一提到王甫小荣为群众修房子的事，远近的群众，尤其是安沙的乡亲们，大家都忘不了王甫小荣这种先人后己、关心群众的精神。

三、逆风行，坚持发展农业生产

20世纪六七十年代，王甫小荣带领云里大队和安沙的广大群众顶歪风、战恶浪，坚持因地制宜狠抓农业生产，大力发展双季稻，积极兴修水利，努力实行精耕细作，坚决改变"赶山吃饭""轮歇耕作"和"人无厕所畜无圈"的落后习惯，使粮食总产量一再翻番。

从1968年开始，他把新技术从外面引进来，全部推广新品种，实行科学种田。当年初春的一个傍晚，社员们收工了，他仍在铲田坎，突然，耳边传来了哗啦哗啦的流水声，王甫小荣急忙跑去查看，原来是刚修好的水坝底部被水冲出了一个大洞。周围又没有石块，情急之下，他脱下了棉衣，跳进冰冷的水中，用棉衣堵住了洞口。他曾经昏倒在田边，但苏醒后又起来继续干。在那段艰苦岁月里，王甫小荣，每年参加劳动在两百天以上。

王甫小荣所在的安沙生产队变化十分显著。1966年全队粮食总产量只有68000斤，是远近闻名的"扁担队"。由于大种双季稻，实行科学种田，1970年粮食总产量达到130000多斤，摘掉了穷队的帽子，跨入了先进的行列。1971年，罗甸县在安沙开现场会，对王甫小荣鼓舞很大，激发了他更上一层楼的决心和斗志。1973年，安沙粮食总产达到228000多斤，7年内粮食总产量差不多翻了两番。安沙生产队不仅每年按时完成国家粮食征购任务，还年年超额卖出爱国粮，仅 1975 年就卖出了 10000 多斤爱国粮。

为了从根本上减轻劳动强度，解决群众生产生活中的实际困难，在县里有关部门的帮助下，从 1973 年开始，安沙生产队采取自筹资金和国家补助相结合的方式，办起了柴油机抽水站，安装了电灯，用上了打米机，结束了几千年来加工稻米用碓窝、石磨的历史。看到了"河水上坡，干田变水田"的景象，安沙群众无不感恩党的好政策，无不赞扬王甫小荣的艰苦奋斗和带头精神。

王甫小荣关心群众疾苦，帮助社员解决了一个又一个的困难。王甫小荣把思想政治工作做到家做到人，把党的政策落到实处。继任的大队党支部书记黄甫美云曾说："我们队能有这样的变化，大家都不会忘记王甫小荣，没有他，我们安沙哪会变化得这么快！"

四、顾大局，增强两岸人民团结

"布壮人民一家亲，民族团结心连心。"安沙地处罗甸、天蛾、乐业三县交界处。红水河对岸是广西壮族自治区天峨县的圭里大队，那里设有圭里木材采育场，没隔多远，又是乐业县的边界。如何处理好边界地区的群众关系，王甫小荣站得高、看得远、想得宽。他不仅关心着自己的大队，而且还关心体贴着红水河对岸的人民群众。

王甫小荣经常对群众进行民族团结教育。1967 年，他主动把种双季稻的技术传授给广西圭里的群众，把 450 斤优良的稻种平价支援给圭里种植，使圭里的粮食产量翻番。当时的乐业县民权大队党支部书记带人过河来安沙参观，安沙生产队热情接待，毫无保留地传授技术，并从各方面对他们进行支援。有一次，洪水将圭里采育场的木材冲散，被安沙的群众拾得，王甫小荣动员大家把拾得的木材全部归还给圭里采育场。采育场里的领导和职工对此都深表感谢。多少年来，由于两岸的人民联亲带戚、亲密往来、互相帮助，关系处得十分融洽，有事情及时互通情报，有问题及时商量解决，谱写了一曲曲"壮、布、汉"各族人民团结一心，共同战斗的壮丽凯歌。安沙人到广西去，一提起王甫小荣大家都赞不绝口，说他确实了不起。

五、谋长远，苦心教育年青一代

王甫小荣常说："要使红旗传万代，重在教育下一代。"他工作忙事情多，但对青少年的教育却抓得很紧，对培养社会主义接班人严肃认真。孩子上学路程太远，他们就自己出钱出设备，自请教师，办起了学校。王甫小荣亲自动员并带头把9岁的小孙女送入学校，在他的带动下，全队上下家家孩子都入了学。有12户原不准女孩子入学的家庭，也让孩子入学读书了。

继任大队党支部书记黄甫美云就是王甫小荣耐心教育培养起来的。黄甫美云原是生产队长，立场坚定、旗帜鲜明、工作积极，就是有时爱犯疟疾，俗称"冷热病""打摆子"。王甫小荣总是热心地进行帮助，经常找他谈心，肯定其优点，指出其不足，让黄甫美云挑重担，派他到大寨、北京等地参观，使黄甫美云在实际工作中得到锻炼，茁壮成长。

罗凤金是队里唯一文化水平较高的人，王甫小荣关心他的进步，派他到县里参加技术学习班，到海南岛参加学习制种。罗凤金工作积极认真，不负众望，1971年，从海南岛带回四两糯苞谷种子，当年试种就收了80斤，第二年就收成了 3000 多斤，全部用作良种支援附近社队和广西的同胞们。民兵连长岑元炳工作积极肯干，就是有时公私不分，爱贪小便宜，王甫小荣既热情地支持他的工作，又严肃地批评他的错误。岑元炳改正了错误，工作更加扎实。

◎ 云里村今貌

　　王甫小荣对自己的独生儿子王万先要求严格，毫不放松对他进行教育。王万先由原来的工作拖拉疲沓转变为工作认真负责，后来加入了中国共产党，还当上了干部。

六、职位变，始终保持劳动本色

　　由于王甫小荣兢兢业业干工作，全心全意为人民，党和人民给了他崇高的荣誉。1964 年，他成了少数民族参观团中的一员，到北京参加国庆观礼，受到了伟大领袖毛主席的亲切接见，并同毛主席等中央领导同志合影留念。

　　1974 年，王甫小荣当选为第四届全国人民代表大会代表。1975 年 1 月，从贵阳乘坐"三岔戟"飞机到北京出席会议，同全国人大代表一同讨论国家大事，行使当家做主的权利。

王甫小荣先后当选罗羊公社党委委员、罗甸县革命委员会委员、中共罗甸县委委员、中共黔南州委委员、省党代会代表。多次出席县州的劳模会、先进分子代表大会。但是他始终穿的是土布衣服，包的是青布帕子，讲的是布依话。王甫小荣始终保持艰苦朴素、谦虚谨慎、关心群众、热爱集体的良好品质。他坚持原则、大公无私、先人后己、热情好客的性格始终没有改变，劳动人民的本色也始终没有改变。一直到他生命的最后一刻，他还在关心队里的生产和工作情况。

1979年2月17日上午6时30分，王甫小荣在安沙家中因病逝世。在生病期间，县区社领导专程前往探望，县委还派车将其接往罗甸县医院医治，但因积劳成疾，医治无效，与世长辞。王甫小荣同志逝世后，罗羊地区和广西天峨、乐业的群众纷纷前往吊唁。中共黔南州委、黔南州革委发了吊唁电。中共罗甸县委员会派去了县委副书记黄光耀等同志参加了王甫小荣的悼念活动。罗悃区副区长罗永康、罗羊公社党委书记陈运来也参加了追悼会。

1979年2月21日中午在安沙召开了王甫小荣同志的追悼会，由陆运来同志主持，黄光耀同志致悼词。中共罗甸县委员会、罗甸县革命委员会、中共罗悃区委员会、罗悃区革命委员会、中共罗羊公社委员会、罗羊公社革命委员会、云里大队党支部、云里大队民兵连、云里大队等十三个单位分别送了花圈，还有王甫小荣的亲戚也送了花圈、花篮、花伞等。

安沙人民为了纪念王甫小荣，遵照他的遗嘱，把他安葬在一块大田的旁边，让他日日夜夜守护着安沙人民的幸福生活。

王甫小荣的一生，是光辉的一生、奋斗的一生，也是为人民服务的一生。虽然他已经去世 40 多年，但是他的奋斗历程和光辉事迹，罗甸人民永远都不会忘记，他的音容笑貌和崇高品质永远留在人们的心中。

· ·

附：

王甫小荣悼词

（冯兴碧）

贫下中农同志们、乡亲们、同志们：

今天我们大家一起怀着极其悲痛的心情，对王甫小荣同志的逝世表示沉痛的哀悼，对王甫小荣同志的家属表示亲切的慰问！

王甫小荣同志 1907 年出身于贫农家庭。中华人民共和国成立前他受尽地主阶级的残酷压迫和剥削，其阶级立场坚定，阶级观点明确。后来，他历任农协组长、初级社主任、高级社主任、生产队长、多年担任大队党支部书记，对伟大的中国共产党，对伟大领袖毛主席怀有深厚的无产阶级感情。在历次政治运动中，在农业学大寨运动中，他坚决贯彻执行毛主席的革命路线，团结和带领广大干部群众，战天斗地，大干苦干，大力发展双季稻，努力推广新技术，积极开展多种经营，把过去被人称为"扁担队"的安沙生产队和云里大队建设成农业学大寨的先进集体，做出了显著成绩，获得了党和人民给予的崇高荣誉。他先后被选为公社党委委员、县委委员、州委委员、省党代会代表、全国四届人大代表。1964 年、1975 年两次到我们伟大祖国的首都北京，受到了伟大领袖毛主席的亲切接见，并同党和国家领导人一起合影留念。王甫小荣同志的一生，是光荣的一生，是为人民服务的一生。王甫小荣同志是我们党的好党员，是各族人民的好干部，是贫下中农的知心人。王甫小荣同志生病期间，县区社领导和广大干部群众极为关怀，多方抢救，因治疗无效，于1979年2月17日上午6时30分逝世，终年72岁。王甫小荣同志的逝世，使我们党失去了一位好党员、好干部、好同志，我们深感悲痛和难过。

悼念王甫小荣同志，我们要学习他的革命精神，化悲痛为力量，高举毛泽东思想伟大旗帜，坚持贯彻执行党中央的路线方针和政策，安定团结，稳定局势，解放思想，鼓足干劲，加速社会主义现代化建设。贯彻党的十一届三中全会精神，以生产斗争为中心，坚决实事求是，一切从实际出发，发扬党的优良传统和作风，坚决把农业生产搞上去，实现国民经济的新跃进。广大干部群众要以王甫小荣同志为榜样，紧密地团结起来，同心同德，大干苦干，扎扎实实地搞好春耕生产，千方百计夺取今年农业大丰收，把各方各面的工作做得更好，用实际行动支援我边防军民对越进行的自卫反击、保卫边疆的伟大斗争，以优异成绩迎接中华人民共和国成立三十周年，为实现新时期的总任务，在本世纪内实现四个现代化而努力奋斗。

王甫小荣同志永垂不朽。

1979年2月21日

大山里走出的"猪倌"劳模：潘玉先

潘玉先（1910—1980），男，苗族，中国共产党党员，出生于罗甸县沫阳镇安阳村油龚组。中华人民共和国成立后，他担任生产队大队长。面对乱石嶙峋的恶劣生存环境，他带领村民们不等不靠、劈石造田，发展种养殖业，立誓"平除岩山千年愁"，解决了当地老百姓的吃饭问题。1957年荣获"全国农业劳动模范"称号，因以养猪出名，被称为"猪倌"劳模。1957年2月22日，他赴北京参加全国农业劳动模范代表大会，受到党和国家领导人毛泽东、周恩来、彭德怀、陈云等亲切接见。

一、出过劳模的平岩乡

安阳村原属平岩乡，平岩原称"避岩"。相传明朝后期的一个夜晚，水井湾山（今平岩村水井湾组后山）突然崩塌，大量岩石将山下200余户人家淹没，全寨仅有两人因到湾心串门幸免于难，此后，两人为避开岩石，搬迁到现社区驻地居住，故称为"避岩"。因"避岩"名称不雅，改读

◎ 潘玉先

谐音"平岩"而得名。

平岩乡在清代属罗斛州判辖地，属内外甲哨亭的榴亭。1951年罗甸解放后废除保、甲建置。1953年3月，罗甸将18个乡、镇改建为80个乡、镇，原平岩乡安阳村属第四区管辖。1958年罗甸实行人民公社化，平岩乡安阳村隶属平岩管理区，归沫阳公社管辖。1962年初，平岩乡恢复区级建置，行政机构改称区公所，废除管理区，原管理区改名为平岩公社，公社归县直辖。

1963年恢复区级建置后，平岩乡属沫阳区管辖，改称平岩公社。1967年，平岩公社成立革命委员会，改称平岩革命委员会。1979年各区革委会改称区公所，各公社革委会改称公社管理委员会，平岩革命委员会改称平岩公社管理委员会。1984年，罗甸全县调整为六区一镇、49个乡，平岩乡仍隶属沫阳区公所。1990年11月撤区并乡建镇，全县调整为26个乡镇，调整后平岩乡属三类乡。2014年3月，拆乡并镇后平岩乡并入沫阳镇，遂更名为沫阳镇平岩社区服务中心。

2013年平岩乡辖独坡、安阳、火龙、联丰、下朝、弯兴、平岩、高兰8个村民委员会、51个村民小组。2013年11月17日乡政府进行村级行政区划调整，辖5个村，即撤湾心村并高兰村，撤火龙村并平岩村，撤安阳村的川硐组并独坡村，撤下朝村并联丰村，安阳村不变。

安阳村地处黔桂两省三县交界地带，东与广西南丹县中堡乡隔河相望、南与沫阳镇翁堡村相接、西与董架接壤、北与平塘县鼠场乡相邻。全村有276户1033口人，4个村民组。平均海拔800米，平均气温15.3℃，年均降雨量 1230 毫米，无霜期长，冬无严寒，夏无酷暑，属典型的南亚热带季风性湿润气候。物产丰富，山清水秀。"猪倌劳模"潘玉先就出生在这里。

二、穷人的孩子早当家

潘玉先见证了那个年代中国社会的剧烈变迁，也经历和目睹了劳动人民的悲惨生活。广大贫雇农生活在社会的最底层，很多人是上无片瓦、下无立足之地，常年吃糠、吃野菜，饥寒交迫，在死亡线上来回挣扎。农民

◎ 安阳村

◉ 潘玉先故居

不仅要承受地主、富农沉重的剥削压迫，还要承受国民党反动派的抓兵抓丁、苛捐杂税。

　　1910年，正值清朝土崩瓦解的最后关头，潘玉先出生在安阳村油龚组的一个贫农家庭。这个呱呱坠地的孩子没有给父母亲带来半点惊喜，反而让一家人愁眉苦脸。如何养活这个新添的孩子呢？家里只有几分能够种苞谷的薄土，靠天吃饭，遇到旱灾生活更是艰难，需要去到五里路外的槽渡河边挑水灌溉，但基本上毫无作用，常常颗粒无收。

　　潘玉先还是坚强地活了下来，6岁的时候，已经开始为当地的大户人家放羊，换取少许苞谷面和米糠补贴家庭生计。10 岁的时候，农村的全部活计他都会干了，而且干得有模有样。因为家里贫困，拿不出钱来，潘玉先和其他穷苦人家的孩子一样，一生都没有上过学，也不认字。

穷人的孩子早当家，16 岁的潘玉先，虽然长期营养不良，但也长成了大小伙子，干起活来完全不输一个成年劳动力，种地、砍柴、放羊、挑水都是一把好手。油龚寨子位于喀斯特山林的半山腰，留不住水，经常需要下到五里外的槽渡河挑水吃，这个时候的潘玉先能挑满两桶水，一口气不歇地爬上山。由于力气大，人也精明能干，才 30 岁出头就当上了国民党时期油龚片区的保长，大致相当于现在的村主任。保长是当时统治者用来减少自己工作量的一种管理方式，当时的统治者将十几户到几十户不等的人户分别交给不同的乡绅管理，这些管理的乡绅就叫保长。在担任保长期间，潘玉先和其他保长不一样，他同情农民，和农民打成一片，带领农民积极发展农业生产。

三、养猪养出新天地

1951 年，罗甸县解放，废除了保甲建制。中国共产党的到来让潘玉先看到了吃饱饭的希望。他积极摒弃旧思想，主动地向党组织靠拢，用无产阶级思想武装自己。由于自己不认识字，他就让别人将毛泽东著作念给自己听。在先进人士的教导和带领下，不久便加入了中国共产党。随后，担任了翁宝乡农会主席（1960 年以前，潘玉先所在的油龚属于翁宝乡，1960 年后划归平岩乡）。1955 年开始，潘玉先担任翁宝乡乡长，他积极维持治安，清匪反霸，搞土地改革以发展生产，号召群众种植苞谷，还带头养起了整个寨子里面唯一的一头母猪。

别的队里面也有养母猪的人家，但是方圆十里，只有潘玉先养猪养得最出色、最精细。有的人家猪养一两年就死了，潘玉先的母猪却活了18年，生了20多窝猪崽，一共300多只。别人家的母猪每次都只能生八九只猪崽，而潘玉先养的猪每次都能生十三四只。潘玉先养猪的秘诀在于：细心照料。

只要一有时间，他就上山打最新鲜的猪草来喂猪。别人家的猪都是吃生猪草，而潘玉先将猪草打回来后，用砍刀剁碎，煮熟后再喂给猪吃。别人家的猪都是一天只吃一顿食，潘玉先坚持一天喂两顿，早晚各一顿，生怕把母猪给饿着了。在那个年代，虽然没有饲料，更没有苞谷等粮食给猪吃，但是潘玉先家的猪却是顿顿草料管饱，从来都没有挨过饿。母猪生病了，该吃什么草药，潘玉先也积累了丰富的经验。农村有一种植物叫"马鞭梢"，医书记载其具有清热解毒、活血化瘀、止痛散结、利尿消肿、驱虫止痒的功效，且分布广泛，采制方便。潘玉先就上山专门寻找这种草回来喂给猪吃。几年下来，潘玉先养的母猪几乎没有生过病。潘玉先每次都能准确判断母猪生产的时间，在那几天，他一刻不离地守在猪圈旁边。猪崽出生后，他及时地将猪崽挪到一边，避免被母猪压到；他还及时地给小猪生火取暖，防止猪崽被冻死。别人养的猪存活率不太高，而潘玉先养的猪，由于悉心照料，几乎个个都存活了下来。

潘玉先猪养得好，这一消息不胫而走，很快就传遍了十里八乡。周围寨子的村民纷纷前来学习养猪之道，甚至槽渡河对岸广西南丹县中堡乡的村民也前来取经，潘玉先便将他的养猪经验倾囊相授。有些村民，在母猪生产的时候，专程把潘玉先请过去为猪"接生"，俨然一个"猪稳婆"。

因为养猪出色，潘玉先在全县、全州、全省都引起了轰动。1957年，潘玉先荣获"全国农业劳动模范"称号，被大家称为"猪倌"劳模。1957

年 2 月 22 日，他赴北京参加全国农业劳动模范代表大会，受到党和国家领导人毛泽东、周恩来、彭德怀、陈云等亲切接见。从北京回来后，潘玉先可以得到县里面的一笔奖励，但是他一分都没有要。省里、州里、县里的农业相关干部群众纷纷前来参观学习。人民公社化运动之后，潘玉先又将母猪无偿上交给了公社，由公社统一养殖，不断扩大养殖规模，解决了广大社员的吃猪肉问题。

四、石头缝里抠"耕地"

1960 年前后，三年自然灾害时期，我们国家出现了严重的国民经济困难，罗甸人民的生活更是雪上加霜，甚至出现了饿死人的事件。潘玉先积极响应国家号召，主动要求回到农业生产第一线，去安阳生产队当队长，带领大家发展农业生产。安阳是喀斯特地貌，山多地少、土地贫瘠、怪石密布、乱石丛生。在潘玉先的带领下，社员积极劈石造田，男人抡大锤，女人掌钢钎，老

◎ 乱石堆里的苞谷

◎ 劈石造田

人小孩砌石抠土，从石头缝里抠"耕地"，向石头荒山要粮食。当一个冬春过去，昔日苍凉的山地上，奇迹般地出现了一道道整齐划一的石埂，一粒又一粒的苞谷种子种了下去，增加了粮食产量，为三年自然灾害时期，保证社员口粮供应发挥了重要作用。随后，安阳生产队又掀起了炸石垒埂建设台地、改造中低产田为主的造田高潮。

五、吃水不再是"老大难"

"吃水难"问题也一直困扰着安阳的社员。安阳地表水难以保存，以油龚为甚。油龚组位于半山腰，全队社员家家缺水，每年秋冬两季，水尽、草枯、活忙。过去，社员吃水只有两条路，要么靠天下雨，从屋檐接雨；要么靠人力，从坡底的槽渡河挑水。不管是接雨水还是挑水，都无法满足人畜饮水和灌溉用水。主要劳动力白天干一天活，晚上得不到休息，还必须打着火把下到来回十里远的槽渡河挑水。崎岖山路，羊肠小道，跋涉艰难，摔坏水桶、跌破脑袋、绊伤腿脚的事故时有发生。有时候上坡下坡几里路，挑回来的一桶水还不够一头牛喝。牛耕一天地只能喝一次水，渴了就舔点稀泥润润嘴，牛喝不到水就不走，饲养员见了也陪着流泪。若是要把牛赶到有水的地方喝水，一是路途遥远，二是怕牛猛饮水胀死。

◎ 油龚组

　　潘玉先带领社员，积极挖水窖蓄水，解决了安阳生产队的人畜饮水问题和农田灌溉问题。在他的带领下，安阳建成了第一口像罐子一样的水窖，第一场雨后就蓄满了一窖水。潘玉先建窖蓄水的事传开后，尝到了甜头的社员也纷纷动手打窖，几年下来，打了 10 多口水窖，不仅保障了人畜饮水，还有余水育苞谷苗、菜苗、瓜苗等。那一年过年的时候，有村民家的春联是这样写的："翻身不忘共产党，吃水不忘打窖人。"安阳也由此成了罗甸较早建有水窖的地方之一。

　　1980 年 9 月，潘玉先因病去世。他生前育有 3 个子女，老大潘凤明继承父亲的遗志，继续在平岩为人民服务。潘凤明于 1971 年参加工作，先后在原翁宝乡担任秘书、沫阳公社担任团支部书记，1995 年在平岩乡党委副书记的任上退休。老二潘凤友，曾加入中国人民解放军，参加过对越自卫反击战，负责后勤保障工作。1971 年退伍后，先在沫阳供销社工作，后来体制改革后，自谋职业。老三潘凤光，毕业于罗甸师范学校，在平岩小学教书，现已退休。

◎ 濛渡河

战天斗地的开荒人：饶早明

饶早明（1935—1993），男，汉族，罗甸县边阳镇交砚村人。曾任村民组长、生产队队长、大队党支部书记、县革命委员会委员等职务。1967 年任大队党支部书记后，他积极响应党中央号召，先后于 1969 年、1971 年、1973 年三次到山西省昔阳县大寨村参观学习。回来后，他带领群众战天斗地，科学种田，大搞"坡改梯、梯改田、小改大"工程，在"大战毛家坨""大战猫鼻梁"中发扬了"让高山低头，让河水让路"的伟大斗争精神。1972 年荣获"全国劳动模范"称号，同年 9 月 26 日赴北京参加国庆观礼，登上了天安门城楼，和其他先进人物一起受到了毛泽东、周恩来等党和国家领导人的亲切接见。

一、昔日交砚

边阳镇地处罗甸县的北部，与平塘、惠水、紫云等县接壤，210 省道线穿镇而过，G212 国道、S315 大道纵横交叉，是近观天眼和南下两广

● 饶早明

的咽喉要塞。

交砚村隶属于罗甸县边阳镇，地处县城西北部，距县城56千米，总面积17.5平方千米，辖13个自然寨，有汉族、苗族、布依族等多个民族在这里生活。

交砚地处背斜低山，深丘缓坡地貌，山高坡缓，地势复杂，土地瘠薄，干旱、滑坡等自然灾害较多。土壤以紫色土、山地黄壤土为主。全村平面形态为南北向的长条形，最高海拔1145米，最低海拔522米，高低跨度大，相对高差623米。

由于地处偏远，加之土地贫瘠、交通不便、信息闭塞，交砚的经济文化十分落后，自古以来就是一个"山高石头多，出门就爬坡，到处都是岩脑壳；地无三尺平，薄田无几多，鸦雀歇脚土也梭"的贫瘠之地。

交砚年平均降雨量在1400毫米至1510毫米之间，雨量充沛。但是由于特殊的喀斯特地貌，交砚是个缺水吃、缺水灌溉的干涸之地，人畜靠天喝水，人们靠天吃饭，几乎每家每户都有一口用于积攒雨水的小水井，若遇旱灾就要去几公里之外的河边挑水吃。长期以来，这里水贵如油。

中华人民共和国成立前，交砚老百姓住的都是茅草房，既遮不住风，也挡不住雨。屋外下大雨，屋内下小雨是常见的景象，一到下雨天，家里的锅碗瓢盆都要倾巢出动。全村七成以上的农户住的都是这种茅草房。

罗甸解放后，交砚人民翻身做了主人。但是长期以来，老百姓仍旧

◎ 饶早明故居

是缺吃少穿，大都以红苕、洋芋当主粮，生活贫困的面貌亟待改变。

二、大寨精神在召唤

　　饶早明出生在交砚的一个农民家庭。俗话说，穷人的孩子早当家。饶早明从小目睹父母的辛劳、体验生活的困苦，有着奋斗与吃苦的自觉。饶早明的童年是在饥饿中度过的。儿时的记忆，就是家中缺衣少食，过着有了上顿没有下顿的日子。他最大的愿望就是能吃上一顿饱饭，如果能吃上一顿苞谷饭就好似过年一样。因为穷，饶早明没有上过学，认字也不多，从小便跟着父母上山砍柴，下地干活，练就了一身高大魁梧的身材。

罗甸解放后，饶早明和其他村民一样，政治上翻身做了主人。但是和大家一样，由于家里兄弟姐妹多，生活上还是很困难，家家都是缺粮户，在按工分分粮的时代，他家分得的口粮连糊口都困难。尽管如此，吃苦耐劳，敢想敢做的饶早明总是冲在农业生产的第一线，农业合作化后，他也是整个生产队挣得工分最多的那一个人。

大寨是山西省昔阳县大寨公社的一个大队。这里属太行山土石山区，由于长期风蚀水切，自然环境恶劣，群众生活十分艰苦。后来人们团结起来治山治水，在"七沟八梁一面坡"上开辟层层梯田，并通过引水浇地改变了靠天吃饭的状况。他们这种精神得到了毛泽东主席的肯定和表扬。1963年，毛主席发出"工业学大庆，农业学大寨，全国学人民解放军"的指示，大寨成为中国农业战线的光辉榜样。

饶早明从大寨的相关宣传报道中看到了一线希望。由于其思想先进，吃苦耐劳，1965年，饶早明被推举为交砚生产队队长。为了从根本上迅速改变交砚的贫穷面貌，在饶早明一班人的带领下，在"全国农业学大寨"的热潮中，交砚人实实在在地干了起来。

三、一学大寨，大战"三改"工地

交砚生产队原来是落后村、贫困村，周边乡镇村寨的社员都看不起交砚的村民。饶早明担任生产队队长以后，看到村里经济贫困落后状况，他决心带领父老乡亲改变穷、乱、差的面貌。

1967 年，饶早明开始担任大队党支部书记。不久，上级有意安排他到镇里的某个岗位上工作，他谢绝了有关部门的工作安排。饶早明经常思考，大寨都能通过开山凿坡、修造梯田，使粮食亩产量增长那么多倍，交砚的情况也和大寨差不多，大寨可以，为什么我们就不可以呢？这个时候，他萌生了去大寨学习参观的念头。

饶早明经常向组织反映要去山西大寨学习参观的想法和决心。并立下了"军令状"，学完之后一定要带领交砚人民发奋图强、自力更生、艰苦奋斗，迅速改变交砚一穷二白的面貌，解决交砚社员的温饱问题。经过多次申请，最后上级同意了饶早明到大寨参观学习的请求。

从 1969 年到 1973 年，饶早明一共到大寨参观学习过三次。第一次到大寨是 1969 年的春天，这次大寨行对饶早明的触动很大。他每到一处，仔细地看，仔细地问。他从中感悟到了大寨人民的精神，他们不就是通过战天斗地，艰苦奋斗，治山治水，在"七沟八梁一面坡"上建设了层层梯田，并通过引水浇地，改变了靠天吃饭的状况吗？如果交砚也发扬这种精神，我们也可以取得像他们一样的成绩。

饶早明对怎么发展交砚农业生产有了新的思路。从大寨回到交砚的第二天，顾不上路途的颠簸劳累，他就挨家挨户做动员工作，向广大社员讲述大寨的故事，讲述大寨人民战天斗地的精神。在饶早明的带动下，交砚掀起了"农业学大寨"的第一波高潮。

饶早明的基本思路是："坡改梯、梯改田、小改大。"他带领交砚大队的交博、架往、羊子坪、八冗、交格等自然寨社员战天斗地、因地制宜、扎扎实实地进行以坡改梯为主的耕地改造，成立了"坡改梯、梯改田、小改大"专班。交砚全部社员长年累月战斗在"三改"工地上。

饶早明率先垂范，与队员吃住战斗在一线，决定将坡地改为保土、保

◉ "三改" 工地现貌

水、保肥的三保田。施工现场，大多是岩山，要放炮开山，当时硝铵紧张，严重影响了施工进度，饶早明千方百计想办法，找到了附近一个喀斯特溶洞，用土法熬制土火药，几经周折终于熬制出了土硝。

　　经过广大社员起早摸黑地大干苦干，先后搬动土石 80 多万方，改出梯田 100 多亩①。其中，交博、架往开田 14 多亩，交格、八冗沟开田 30 多亩，

————————

　　① 亩，市制单位，1 亩约为 666.67 平方米。后文不另注。

羊子坪开田 30 多亩，超额完成了县里下达的任务，使当时被称为"老大难"的交砚大队甩掉了后进的帽子，一举成为全县的先进村。该村也成为全县"农业学大寨"的典范，不仅解决了全大队的吃饭问题，还能将公粮足额上交给国家。

饶早明连续两次被评为罗甸县"农业学大寨"标兵。1968 年开始，饶早明担任县革命委员会委员。前来交砚大队参观学习的人络绎不绝，县里面还多次组织干部来参观取经。1969 年，在交砚大拱召开了罗甸县"农业学大寨"的现场会，全县各乡镇干部到交砚村参观学习。

四、二学大寨，河水改道左边流

经过两年的"坡改梯、梯改田、小改大"战斗，"三改"工作初见成效，部分社员有了懈怠的念头，觉得该歇口气了。饶早明看在眼里，急在心里，于是便有了第二次到大寨参观学习的想法。1971 年，饶早明第二次到大寨参观学习。这次大寨之行，饶早明又有了新的收获，工作思路也更加开阔了。"大战猫鼻梁"五个字在他脑中不断地回荡。猫鼻梁是交砚大队的一处斜坡，斜坡的右边有一条小河。由于地势地貌的原因，河水的海拔要低于猫鼻梁，无法引水灌溉猫鼻梁的 120 亩农田。饶早明心想，为什么不让河水改道左边呢？

有了这个想法后，饶早明又开始挨家挨户做思想动员工作，详细地向社员讲解河水改道，取水灌溉的好处。这一设想得到了广大社员的一致认同。"让高山低头，让河水让路"的猫鼻梁河水改道工程就热火朝天地干了起来。没有先进的工具，就用锄头挖、用撮箕运、用担子挑。经过两年的艰苦奋战，河水终于流进了猫鼻梁。饶早明捧起流进猫鼻梁的水，喝了一口，喜笑颜开。猫鼻梁的 120 亩农田终于得到了灌溉，交砚终于不用再靠天吃饭了，可以旱涝保收了。

现年 82 岁的何应明老人是交砚小学的退休教师，是饶早明的表弟，也是当年饶早明第二次去大寨学习的见证人。回想起饶早明，老人满怀自豪。他说，当年表哥（饶早明）第二次"学大寨"回来后，为了战天斗地造良田，他不分白天黑夜地大干苦干，抗严寒，战酷暑，晴天一身灰，雨天一身泥。那时的生活十分艰苦，只有红苕、洋芋、苞谷充饥，但只要到工地，站在红旗下向毛主席画像请示后，精气神就来了。何应明老人还将饶早明比作"愚公"下凡。饶早明每年的腊月三十过大年还要劳动半天才回家，大年初一照常出工，有时干活干到晚上 11 点甚至到第二天凌晨，夜晚打起火把干，从来没有抱怨过。

五、三学大寨，大战毛家坨

1973 年，组织上安排饶早明第三次到大寨学习。这次学习，饶早明有了更深的体会。毛家坨是交砚的主要粮仓之一，有农田 17.2 亩。饶早明心想：为什么不将旁边的沙石坡地开垦出来，和原来的土地连成一片呢？这样就能生产出更多的粮食，大家就能吃更多餐饱饭。有了这个想法后，饶早明说干就干，大战毛家坨开始了。

何应明老人亲身经历了大战毛家坨的现场。红旗飘扬，锣鼓喧天，热闹非凡，场面壮观。"农业学大寨""大战毛家坨"的宣传标语随处可见。每天天刚蒙蒙亮，饶早明就从家里出发，带着食物上工，早饭、中餐都是在工地上吃红苕、洋芋。有时候没带吃的，就让小儿子把饭送到工地上。大家生活虽然艰苦，但是劳动热情依然高涨。劳动间隙都有政治学习，饶早明带领大家诵读毛主席语录。在饶早明的带动下，每个人干起活来都不示弱，很多社员每天都能挣最高的 10 个工分回生产队分粮食。

何应明老人回忆，他刚开始只会抬石头、挑土、推土、制手推车等"直把活"，后来就向饶早明学习打炮眼、装炸药、炸石头、砌石坎等技术，很快学会了抡 10 斤重的铁锤打炮眼，一口气能打 400 多锤。

经过"三年大战"，毛家沱原来只有 17.2 亩农田，到 1975 年的时候，增加到了 28.3 亩多，极大地解决了交砚人吃不饱饭的问题。

饶早明因工作成绩突出，1972 年荣获"全国劳动模范"光荣称号。1972 年 9 月 26 日赴北京参加国庆观礼，登上了天安门城楼，和其他先进人物一起受到了毛泽东、周恩来等党和国家领导人的亲切接见。

饶早明育有一儿一女，儿子饶登祥，女儿饶登辉。在劳动的过程中，由于没有人看管孩子，饶早明夫妇经常将孩子锁在家中；后来，孩子长大了点，便负责帮父母把午饭送到工地上；再后来，孩子们也跟着一起参加农业劳动。饶早明家教严格，经常教育后人要跟党走，要保家卫国。饶登祥是他的独子，初中毕业后，便被送去部队当兵，1976 年至 1980 年在广州某野战部队服役。孙子饶成，2000 年初中毕业后也选择了当兵。

由于常年奋战在农业生产第一线，积劳成疾，身体留下了病根，1993 年，饶早明病逝于家中。临终前，他强忍着疼痛对孩子们说："我要走了，我没有给你们留下什么遗产，也没有给你们争取到一官半职，你们现在都还是农民，但是你们一定要听党的话，不能做对不起国家的事情。"

六、昔日穷乡僻壤，如今喜展新颜

火车跑得快，全靠车头带。交砚村在学大寨改造贫穷面貌的奋斗中，靠自力更生、战天斗地的精神，取得了骄人成绩，除了社员们的勤劳勇敢外，更重要的是有坚强得力的"战斗堡垒"——党支部作支撑，是以大队书记饶早明为代表的支部委员和全体党员的带头表率作用给了交砚大队社员战胜一切困难的信心。大队党支部书记饶早明就是那个时代最杰出的代表人物。

如今的交砚可谓是"换了新颜"。这里不仅通了公路，而且是水泥路面，甚至通到了家家户户，"晴天一身灰，雨天一身泥"的时代已经成为历史，"走路不沾泥，出门就上车"成了很多人的出行方式。很多家庭都有摩托车或三轮车，部分家庭开起了小轿车。大部分农户新修了石混结构小洋楼，一派欣欣向荣的景象。沐浴着党精准扶贫的阳光，交砚的村民们解决了"两不愁、三保障"的问题，全部实现了脱贫。20世纪80年代前，全村仅有少数初中毕业生，现在很多村民家的孩子考上了大学，走出了大山，也有部分家庭的孩子选择了参军，保卫我们的国家，为党和国家的事业贡献他们的光和热。

红水河畔的"女财神":李桂莲

李桂莲,女,汉族,1942年12月生,中国共产党党员,祖籍陕西华阴。二级研究员,贵州省农业科学院原名誉院长。20世纪70年代末,她深入罗甸县主持抓好早春蔬菜反季节研究、示范和推广,培养了胡天英等蔬菜科技"二传手",把罗甸培育成早春蔬菜产业大县。她先后获得10多项科技成果奖励,选育并通过审定蔬菜优良品种16个,获专利授权28件,获专利授权28件,发表论文70多篇,出版著作5部,光荣当选中共十三大、十四大、十五大、十六大、十七大代表,受到党和国家领导人亲切接见,被授予全国先进工作者、全国星火科技先进工作者、全国科普先进个人标兵、全国民族团结进步模范、国家中青年有突出贡献专家、全国劳动模范、全国"三八"红旗手、贵州省最高科学奖、贵州省特等劳模、首届贵州杰出人才奖等30余项荣誉称号。

一、从小立志学农

李桂莲的优秀品质和杰出成就有口皆碑,她是共产党人的楷模,是妇

◎ 李桂莲

女界的标兵，是农业科技界的一面不褪色的旗帜。一辈子和田土打交道的农科专家李桂莲，1942年12月出生在贵州安顺一个普通家庭。李桂莲读中学时成绩很不错，当时重工轻农的观念很流行，李桂莲却从生物课上知道了苏联著名生物学家米丘林的故事，她憧憬富于诗意和浪漫色彩的奇妙生物世界，从而立志学农。那位享誉世界的农业科学界巨人伊万·弗拉基米洛维奇·米丘林，毕生培育出果树新品300多种，这些造福世人的创造发明成为青少年时期李桂莲仰望的一个目标。加之为了方便就近照顾身体不好的父母，1960年她毅然选择报考贵州省农学院（今贵州大学农学院）。时值全国自然灾害困难时期，有的同学因为生活困难而中途退学，李桂莲却怀着对农业科技的极大热情咬牙将学业坚持了下来。

1964年，李桂莲从当时的贵州省农学院园艺果蔬专业学成毕业。毕业后，她被分配到贵州省农科院，从事蔬菜栽培及育种研究工作。

1977年，贵州省农科院要在海南进行番茄加代繁殖这一科研项目，李桂莲作为农科院农科所园艺室从事蔬菜科研的技术人员，被派往南国椰岛。海南岛冬季温暖的气候，是进行蔬菜加代繁殖所需的良好天然条件，可以将本来需要8年的蔬菜育种时间缩短到4年。当时贵州省内的许多果菜类育种都得去海南。番茄是在农科院研究出来的品种，李桂莲将这一品种带到海南进行育种试验。湿润的空气，充足的阳光，使番茄加代繁殖试验获得成功，这在李桂莲的意料之中。在欣喜之余，她深感遗憾：难道这一科研项目只能在海南搞吗？这一科研项目在海南具有广阔的发展前景，但对贵州的经济建设来说，无异于隔靴搔痒。在为育种两地奔波的过程中，李桂莲深感交通不便，往返成本也高。于是，李桂莲就开始琢磨，能否在贵州找到与海南岛的气候环境相近的地方呢？能否在贵州也搞"加代"——在贵阳搞一季，再到贵州的其他地方再搞一季？

当时，贵州乃至中国的绝大部分地区，仍然在大面积种植传统蔬菜。随着人口的增多，人均占有耕地在不断减少，特别是城市规模的急剧膨胀，蔬菜的供应缺口越来越大，居民对蔬菜的渴求与日俱增，供菜淡季里，南菜北调真是一道恼人又喜人的景观。蔬菜问题，已成为影响整个社会稳定的一个不可忽视的因素。一棵白菜，一根茄子，准确无误地诠释着人类的生存资料不仅仅只是粮食这个道理。

蔬菜，贵州的蔬菜发展有前途吗？

从海南回到贵阳，李桂莲心里就孕育着一个计划。她不能在30岁到来之时，毫无成就地跻身而立之年的行列，对于青春和岁月，那实在是一种愧对。

李桂莲开始着手查找有关资料。担任园艺所副所长的丈夫范恩普对她的想法非常支持。

二、早熟蔬菜试验成功

贵州是一个典型的喀斯特地貌省份，海拔高，温差大，四季分明。在这么一个大环境下，广泛培植蔬菜新品种，其可能性有多大？这需要选择一个地区来进行试验。李桂莲发现，在贵州最南部与广西接壤的罗甸县，亚热带季风湿润气候特征明显，雨量充沛，年均降雨量1400毫米左右，春早，夏长，秋迟，冬短，年日照时数为1350至1520小时，年平均气温在

20℃上下，年平均无霜期334天，被誉为"天然温室"，素有"贵州的西双版纳"之称。罗甸与海南的气候条件极其相似，使得罗甸成为发展早熟蔬菜的理想之地。

带着这团思维的火花，在育种的过程中，李桂莲发现，由于罗甸县冬春气候温暖，1月份的平均温度为10.1℃，是贵州省气温最高的地区。其他地方正季栽培，一般在6月中旬才能成熟上市的番茄，罗甸可提前一个月上市，适合"加代育种"。这个意外的发现让李桂莲兴奋不已：番茄可以提早上市，那么与番茄生长条件相似的一些果菜类如茄子、辣椒、豆类、瓜类等也就都能提早上市。

为了落实试验地，李桂莲找了几个生产队，但都出乎意料地被谢绝了，那些生产队长说，他们从没听说过搞什么早茄子，怀疑这是瞎折腾。几经周折，李桂莲才在城关沙井大队觅到一位知音：大队党支部书记老王。老王听说省里的蔬菜专家要来搞早菜试验，欣喜异常，他很快将试验田的任务落实到一小队。小队仅拨出4分地（约为267平方米）来当试验基地。李桂莲却说："够了，4分地也有代表性。"

当地群众听说省里有个女专家来搞早菜试验，纷纷前来看稀奇。他们觉得李桂莲的举动有点不可思议。几十年来，他们从没听说过罗甸可以弄什么早菜，且侍弄些白菜黄瓜茄子之类的东西，能叫科学吗？祖祖辈辈都把菜种得服服帖帖的，不知道那菜里还能耍出什么花样！有人说罗甸的茄子从来就苞谷球蕊那么大，再怎么整都不会有手臂那么粗吧！如果真是那样，真会把罗甸人给乐疯了呢。人们不相信李桂莲能在4分地里整出名堂来。

李桂莲没有心凉的感觉，相反，这更坚定了她试验的信心。经过几天时间的接触，她了解到这里的群众由于长期封闭保守，思想僵化，对以往县里科技人员来搞的科技试验或推广认识不足，没有信心，始终坚持习惯思维，最喜欢吹糠见米的事。但这也不能怪他们。他们往往只注重效果，而并非注重过程。李桂莲鼓励自己，要打好第一炮，第一炮响了，以后的局面就好打开了。如果失败，她跟群众的隔阂可能会更大，这对她的试验来说，十分不利。种子是在海南育成的。在下种时，李桂莲闪过一丝担心：要是这种子

◎ 李桂莲传授农业科技知识

长不出来，怎么办？很快她又否定了这个念头，因为海南培育出来的茄子种子的母本，是从贵阳带去的，这就是说，罗甸的气候条件没有理由妨碍和阻止茄子种子的发芽、生长。

事实胜于雄辩！李桂莲决定用事实来改变群众的看法。从一开始，李桂莲就直接参与犁田、碎土。群众说：李专家还有点农民的样子，不怕吃苦。

那一年的秋天显得特别温暖。自10月下种，李桂莲就住在农民家里，后来那户农民说，李桂莲没一点省城人的架子，吃住很随便，难得见到这样的女人哩！省里的女干部来到罗甸，还没下到区、公社、大队、生产队，心就开始往贵阳跑了。那几年知青插队，连"大后生"也嫌沙井苦，哭鼻子，闹回家。大地方的人哪个愿来受这份罪？可李桂莲不！人家贵阳还有丈夫娃娃呢……

茄子生长了。这是1979年沙井大队一小队的一个景象：李桂莲的4分

试验田茄苗苗壮，并不寒冷的北风轻轻搔弄着那结实的干枝，青青的叶子在风中舞蹈，一片绿色如毯子一般铺在4分地里。李桂莲计算过，这些茄结出果实，将在次年的4月下旬至5月初，比传统茄子要早。

1979年春节一过，李桂莲又一路颠簸到了罗甸。那4分地的茄子苗，在茁壮成长。李桂莲记录着茄子的长势情况，也在记录着相关气候的数据。一队的群众见李桂莲培育的茄苗长势喜人，渐渐打消了疑虑。有人说，专家就是专家，李桂莲老师整出来的东西哪能跟我们的一样！你瞧，那茄子果在一天一个样地疯长呢！

李桂莲说那时她见茄子正按她的设想开花、结果，那股高兴劲实在没法形容。摘茄子时，一队的群众围拢到试验田边，纷纷说他们今年也要种茄子，这茄子结得早，上市早，比传统的品种早上市差不多一个月，肯定能卖好价钱。李桂莲说，这就是科学。科学这个概念，在这块4分试验田里得到了充分诠释。农民群众最怕高谈阔论老半天，到头来一场空欢喜，"大炼钢、放卫星"那几年，农民群众不也是欢欣鼓舞过吗？最终的结局是饿肚子，一个实实在在的举动，胜过一打纲领。这就是农民的"现实观"。

1980年5月初，在罗甸县城的农贸市场，一位县领导赶早集买菜时，突然发现市场上冒出几大筐新鲜的茄子。他看稀奇般地左右打量着茄子，又上下打量着卖茄子的农民，问："这茄子咋那么大？怕有一个一斤吧？"卖菜的农民自信地说道："有！"。

"是你们生产队种的，还是你家种的，是不是贵阳的那位女蔬菜专家搞的试验？"县领导表现出极大的兴趣。

"是的是的，是李桂莲老师试验出来的。开始我们也不相信这么'整整弄弄'，就能种出早茄子来，想不到，李老师做出来了，而且果实又大又好看。我们罗甸推广这新品种，肯定有好价钱！"卖菜农民眉飞色舞地说。

县领导拿起其中的一个掂了掂："称这个看看有多重？"

卖菜农民一称："一斤！"他放下秤打量县领导说："看你像位干部，这种好事你们干部要好好宣传宣传哩……"

有人告诉他，这是副县长。卖菜农民脸有些红了。

沙井大队一队新品种茄子上市的消息，在整个农贸市场不胫而走。围观的，争着买的，一下子卖茄子的地方围了许多人。

人们相互传递这条特大新闻。这条特大新闻成为几年后罗甸大规模种植早菜的引言。茄子上市那几天，整个农贸市场沸沸扬扬。有人说，罗甸"搞"早茄子成功了，还要"搞"早白菜、早黄瓜、早辣椒。

李桂莲在沙井大队一小队"搞"早茄子试验成功的消息同时也传遍了罗甸县的领导层。她被邀请到县政府。

"李老师，你在城关沙井大队的成功试验，县委县政府极为肯定。我们想就发展早菜这个问题，向您请教请教。"县长罗正科对她说。

不几天，县政府召开了一次座谈会，李桂莲作为主宾，被邀请参会。实际上，这次会议是专为李桂莲而开的。罗甸县领导意识到，李桂莲"搞"早茄子试验的成功，意味着罗甸的传统农业将进入一个崭新的纪元。农业是在不断调整自身的结构中向前发展的，这种调整，既有市场需求的驱动，也有人为调整的因素，只有当人为调整与市场需求相统一，并符合经济规律，农业才能获得持续、稳步的发展。时值经济改革，全国开始实行家庭联产承包责任制，罗甸县大张旗鼓的改革步伐在1980年就已拉开帷幕。原先的集体大生产，转变为以家庭为单位的小生产。这一重大举措，为中国以后各个领域的改革，凝聚出一个具有划时代意义的亮点。罗甸县的农业道路今后怎么走？特别是在土地承包到户后，结构是否需要调整？这些问题紧紧地攫住县决策层的神经。显然，调整产业结构，是加快罗甸农业发展的前提。他们从李桂莲的试验中得到了启示：利用罗甸得天独厚的气候优势，发展早熟蔬菜，在条件可能的情况下，建基地。市场供需情况表明，早熟蔬菜不仅在罗甸有潜力，就是在贵阳也有潜力可挖。

李桂莲在会上说："罗甸规模化种早菜，我认为是一项富民的好措施。罗甸的农业是传统农业，非粮食性种植业在传统农业中占的比例太低。种早菜，严格来说，种早熟商品蔬菜，将是增加农业科技含量，实现传统农业改造的一个好方式。以前我在海南搞试验，开始认为只有海南才能破季节种蔬菜，来罗甸搞试验后，通过实践证明，罗甸完全有条件种早熟蔬菜。罗甸有气候优势，这是贵州其他市县所不具备的。罗甸的龙坪、沫阳、逢亭等坝子，是十分理想的早菜种植的地区。我曾经与县长谈过，罗甸的农业要走产业化道路，我们可以在种菜这条路子上摸索……"

三、推广运用地膜技术

李桂莲从专业杂志上了解到，1979年日本开始引进地膜进行蔬菜的反季节种植。地膜这一新技术的出现，日本马上意识到一场蔬菜革命即将来临，不失时机地将这一新技术引进到冬天漫长的日本岛。日本的试验结果表明，通过使用地膜种植，不仅可将播种时间大大提前，成熟期也相应往前移，而且单位面积产量比常规高得多。1982年，我国开始引进这一新技术。地膜的使用，可以使种植反季节种植蔬菜变得更为容易，同时可提高单位面积产量。几乎是凭着直觉，李桂莲意识到她找到了一把金钥匙。

要推广必须先有试验。1982年秋，具有划时代意义的一场"蔬菜革命"

剧在罗甸悄然上演。

在首次推广地膜覆盖时，有个大队会计硬是不配合，不屑地说："一层塑料膜把泥巴盖起，长出个鬼来哟！"李桂莲见说服不了对方，便采用了激将法，对这位会计说："我们先搞 4 分地，好就归你，不好我赔！"为了搞好试验，李桂莲亲自播种，盖地膜，做好田间管理。每一道工序，每一个操作环节，她都耐心地讲解给愿意借试验田给她的村干部黄仕雄听。黄仕雄听得入迷了："原来种菜还有那么大的学问，我们以前是按老套路搞，听天由命，菜长得好不好，由不得自己。"

功夫不负有心人，试验终于获得成功，试验种植的果菜不但增产 15%，还提早 10 天上市。

"这就叫科学技术。"李桂莲说，"农业要发展，就要讲科技，没有科技的农业，是原始农业。使用化肥后，水稻增产了，你说这是不是科技的功劳？现在罗甸开始按科学技术来种菜了，而且有收入了，你说，科技的作用大不大？一个国家一个社会要发展，离不开科技呢！"

接着，李桂莲又改良了地膜栽培技术，创新了"深窝地膜覆盖栽培""先天膜后地膜栽培"等技术，使果菜上市又提早 10 天左右。由这"4 分地"开始，研究总结出番茄、辣椒、茄子、黄瓜、四季豆等 11 种蔬菜反季节早熟栽培技术，并迅速在罗甸县内外进行推广。

种下去，收上来，还要卖得出去。为了让农民真正信服，李桂莲自己到贵阳市找领导、跑市场、联系运输车辆。在罗甸县委县政府及农业局的共同努力下，5 年后，罗甸早果菜种植面积大大超过原先计划的 5000 亩，李桂莲"红水河畔女财神"的称号在罗甸农民口中逐渐流传开来。截至1999 年，全县蔬菜种植面积达 68500 余亩，普及 16 个乡镇 2580 户，年产值 8250 万元，使 12 万罗甸农民通过种菜摆脱了贫困。在罗甸县蹲点几年，

◎ 李桂莲到罗甸罗化蔬菜基地进行技术指导

当地政府给李桂莲发放了生活补助费和奖金，但他全部用于支持贫困乡村和"希望工程"，自己没有用一分钱。

"罗甸早熟蔬菜基地"是当时全国最早的为数不多的反季节蔬菜基地之一。该项目的实施使当地从过去一年只种一季水稻，变为早菜、水稻一年种植两季，既使得当地农民脱贫、增收，又同时保证了粮食安全，探索出了一条农业可持续发展路子。农业部原副部长朱荣和副总农艺师瞿宁康先后到罗甸考察，眼见大面积连片的果菜地膜覆盖栽培，十分赞赏地说："蔬菜作物这样大面积连片的地膜覆盖栽培技术及规范化种植水平在全国都属少见，在'少、边、穷'山区能建成这样的果菜商品生产基地真不容易。"这项技术被原国家科委列为"国家星火计划"推广项目，荣获全国"星火计划"成果博览会金奖。

试验虽然成功了，但是在大面积推广的过程中，李桂莲又遇到了难题。罗甸是一个少数民族聚居的贫困山区县，农业技术的推广在当地十分困难。无论人力还是物力，都毫无优势。

时值中国女排夺取了"五连冠"，全国上下掀起了学习女排精神的热潮。善于钻研的李桂莲忽然联想到，如果先在当地找一些文化水平较高、容易接受新事物的农民来，先给他们培训农业技术要点，之后，再让他们利用"二传手"的方式，与农民面对面沟通，向农民进行新技术的推广，这样一来，新技术的推广应该更加有效。

李桂莲说，这些"二传手"在当地有威望和号召力，与当地农民沟通起来更容易，这些"二传手"可以成为县、乡两级推广农业技术的中坚力量。她带领的科研团队涌现出一批优秀的科技骨干，并为各市（州、县）蔬菜技术人才队伍建设做出了很大贡献，培养了一批拔尖的蔬菜专业技术骨干和乡土人才，打造了一批科技"二传手"，用"传帮带"的形式为贵州蔬菜产业发展和培养技术人才储备打下了坚实基础。

李桂莲在反季节蔬菜研究、示范推广上总结出一套适用于我国农村的农业技术培训和示范、推广模式，并于1983年在《人民日报》上撰文，创造性地提出农业科技示范、推广"科技二传手"理念，文章引起了广大农业科技工作者和农业科技部门的关注，并争相采用这一模式开展农业科技推广工作。

在罗甸县委县政府的领导及大力支持下，罗甸反季节蔬菜从当初的4分茄子地起步，逐步扩大为涵括几十种果菜的种植基地。1984年，罗甸冬春反季节果菜种植面积达1万余亩，成为全国最早的冬春反季节果菜基地之一，并向省内同类型地区辐射。李桂莲在贵州罗甸、关岭、望谟等地进行示范推广，创建露地冬春果菜基地，总结出的"早果菜地膜加小拱棚栽培技术"和"改良地膜栽培技术"等体系，大幅度提早了果菜的上市期，大大提高了早果菜的产值和市场竞争力，实现了贵州早果菜栽培技术的历史性跨越。1989年，她的技术创新理论与实践被国外权威期刊摘录，1991年，"地膜加小拱棚技术"被国家科学技术委员会摄制成电视专题片，在26个省（市、区）播出，该成果获得了"七五"全国星火科技成果博览会金奖。

李桂莲发现，贵州省的气候呈立体分布，既有像罗甸这样的"天然大温室"，又有以贵阳、威宁、大方等为代表的"天然大空调"。这样的立体气候对于发展各种类型的反季节蔬菜十分有利，把这种气候优势充分利用在蔬菜的种植中，前景非常好。认准了这个思路，20世纪90年代，李桂莲又开始了其他反季节蔬菜种植的大胆探索研究。她与团队先后进行了夏秋反季节蔬菜，以及秋冬反季节果菜栽培技术的研究示范，为贵州省反季节蔬菜发展提供了有力的科技支撑。李桂莲带领团队筛选出适宜品种420余种，总结了80多个高效种植模式，制定并发布了19个反季节蔬菜栽培技术规程，大面积进行白菜、甘蓝、莴笋、萝卜等蔬菜超高产无公害栽培示范推广，达到全国同类研究领先水平，让贵州蔬菜远销10多个省（市、区）以及东南亚地区。

在精准扶贫和农村产业革命中，李桂莲倾注了大量心血。她带领团队帮助全省60多个县（市、区）制定蔬菜产业发展规划和实施方案，开展培训和田间技术指导，帮助建立示范性预冷保鲜库和产地批发市场，指导做好无公害、绿色、有机蔬菜产品认证，引导成立蔬菜协会等农民专业合作经济组织，为实现蔬菜产业增质增效、农民脱贫致富做出了重要贡献。

四、在田里写科研论文

　　没有人能体会在追求梦想的路上，李桂莲曾经历过怎样的艰难。那时罗甸的路况很差，从县城到乡里只能搭乘挤满人的拖拉机，而从乡里到村里的道路基本上都是崎岖的山路，李桂莲走村串户进行农业技能培训，只能靠自己的一双脚。她走路最多的时候一天要走 40 多里①的崎岖山路。乡镇上基本没有餐馆，乡里就只有一家旅社，门窗漏风、跳蚤臭虫相伴。李桂莲常常被虫子咬得满身长疙瘩。吃饭也是个大问题。村子里善良的村民时常邀请李桂莲到家里做客，拿出平日不舍得吃的"美味"款待李桂莲，但李桂莲却谢绝了村民的好意，每天到乡里唯一一家食品店买馒头就着咸菜吃。有时回去晚了，连馒头也卖完了，只能吃饼干。常年这样没有规律的生活，毫不留情地给她留下了至今仍然困扰她的胃病。

　　20 世纪 70 年代末的贵州省罗甸县，当地老百姓基本上还延续着传统农耕栽种方式，即每年种一季水稻。他们基本不吃蔬菜，仅仅吃些山野菜、黄豆类的副食，而且人不蓄粪，猪不入圈，完全没有使用农家肥的意识。李桂莲一步一步地尝试改变当地农民的生产生活习惯，手把手地在田间地头指导农民种植蔬菜。

　　那时候，李桂莲的女儿刚刚 8 岁，爱人也在所里工作，研究的是果树，也需要常年全省到处跑。从贵阳到罗甸 162 公里②，路程不远，但那条糟糕的公路总使人感觉像到星际去那么艰难。李桂莲没有时间也没精力来回跑。

---

① 里，长度单位，1 市里等于 150 丈，合 500 米。后文不另注。

② 公里，长度单位，1 公里等于 1 千米。后文不另注。

让孩子寄宿吗？这个方案一提出，两口子当即又否定了。

"老范，我们怎么办？"李桂莲的泪水溢出来了。其实，她对自己这样未能尽到一个母亲的责任而内疚。她所痴迷的科研项目刚刚起步，她又不忍心辛苦开创的项目夭折。范恩普沉默不语，他这个正在主持一个科研项目的副所长，面对这样的难题也感到很头痛。他想到了老家，那里有他的亲人、亲戚。

"送孩子去唐山老家，你看行不行？"说出这话时，范恩普在捕捉妻子的每一丝反应。从另一个角度来看，这个办法是一种逃避，所以这也使他感到很不自在。

河北唐山，那大地震后重建的家园！李桂莲叹了口气，说："行吗？"那么远，她这个当母亲的何尝不担心！但似乎只有这个办法最能解决目前和将要面临的问题。送孩子去唐山那天，李桂莲哭成了一个泪人。她太内疚了！

从此李桂莲对遥远的唐山多了一份沉甸甸的牵挂。

然而，在李桂莲看来，这些都是可以克服的困难。最大的问题是，思想上的巨大压力。南亚热带地区冬春反季节果菜露地栽培技术，当时从来没有人搞过，书上也没有可供参考的成功经验。当时贵州学习北方大规模建蔬菜大棚，但李桂莲认为，蔬菜大棚是依靠吸收阳光来增温，而贵州是寡日照的气候条件，阴雨天大棚里的温度比陆地上高不了多少。如果能利用罗甸天然温室的气候条件，投入要小得多，而且收益也大。然而这样的科研思路在当初并没有得到认可，在申报项目、评职称等方面都受到了一定的影响，甚至有几个月里她所有的研究费用都是自己先垫付的。

回想起过去，李桂莲非常感叹："真不知道我当时为什么有那么大的干劲，条件那么艰苦也能坚持下来！可能还是因为我当时就是看准了这条路子，既然已经开了头，那就要全力以赴。"

李桂莲的欣慰来自那些被她改变的农村和农民：他们改变了传统的种植习惯，懂得了充分利用农家肥，把种植蔬菜当作了发家致富的好路子，使一年里有了三季的收成。那些从来不喜欢开会的农村妇女们，如今每逢培训会召开，就会把教室里挤得满满当当的；还经常有农民满心欢喜地给李桂莲报喜讯，说自己盖新房子了、买冰箱了、换了个大彩电……看着他们幸福的神情，李桂莲觉得自己比他们还高兴，这种幸福感补偿了过去自己付出的所有辛劳。

她淡泊名利，1996年省委决定提拔她担任更高职务，她坚决请辞。在她退出领导岗位后，省内一些公司高薪聘请她，均被她婉言谢绝。她获得的荣誉不胜枚举，但她总是谦虚谨慎，毫无骄矜之色，以平常心做平常人。

2004年7月，李桂莲离开了贵州省农科院副院长岗位，任名誉院长。可是，60多岁的李桂莲并没有在家享清福，已经习惯与农民和泥土打交道的她，反而更加"坐不住"。"贵州属于贫困山区，还有很多农民没有摆脱贫困，我没有其他办法去帮助他们，趁我现在还能活动，为他们提供一些技术支持，让他们走出贫困，我的人生也就不会留下什么遗憾了。"每年大概有4个多月的时间，她都是带领助手往返在各蔬菜基地之间。

李桂莲说，农业科研的海洋有很多东西可以去探索，还有好多事情等着她去做，而投身于此真的是一种莫大的乐趣和幸福。如果让她重新选择一次人生的道路，她仍然会做出同样的选择。

2009年，她获贵州省最高科学技术奖，她把国家奖励的经费悉数用于科研、用于扶贫救济。李桂莲先后获得10多项科技成果奖励，选育并通过审定蔬菜优良品种16个，获专利授权28件，发表论文70多篇，出版著作5部，光荣当选中共十三大、十四大、十五大、十六大、十七大代表，受到党和国家领导人亲切接见，被授予全国先进工作者、全国星火科技先进工作者、全国科普先进个人标兵、全国民族团结进步模范、国家中青年有突出贡献专家、全国劳动模范、全国"三八"红旗手、贵州省最高科学奖、贵州省特等劳模等 30 项荣誉称号。

李桂莲的精神彰显了共产党人不忘初心、苦干实干、锐意创新、矢志不渝的精神品格。"不忘初心"体现为李桂莲终其一生对党忠诚、心系农民，全心全意为人民服务，无私奉献帮助农民脱贫致富；"苦干实干"表现为李桂莲舍家别子扎根乡野，艰苦奋斗，踏踏实实以贵州生产实际为研究的出发点；"锐意创新"体现为李桂莲建立了具有贵州现代山地特色高效的蔬菜栽培理论和技术体系，并富于创造性地提出农业科技示范、推广"科技二传手"理念；"矢志不渝"体现在李桂莲一生只做一件事——把论文写在贵州大地上，用科技之火照亮农民的致富路，并用整个生命的厚度来践行这项造福黎民的神圣事业。李桂莲的优秀品质和杰出成就有口皆碑，她是共产党人的楷模，是妇女界的标兵，是农业科技界一面永不褪色的旗帜。

◙ 李桂莲（右三）与农业专家服务团

初心如磐的蔬菜科技"二传手"：胡天英

胡天英，女，布依族，1945年10月生，中国共产党党员，罗甸县沫阳镇罗沟村人，罗甸早熟蔬菜种植技术的"二传手"。20世纪80年代初，她得到了贵州省农业专家李桂莲老师的精心指导，传授蔬菜种植技术。她以"四分地"种植早熟蔬菜，并实验成功。1984年起担任罗沟村党支部书记长达29年，2013年起担任沫阳镇敬老院院长。1985年获得"贵州省农村科普活动先进个人""贵州省劳动模范"称号；1986年获得"贵州省优秀共产党员"称号；1988年获得"全国民族团结进步先进个人"称号；1989年获得"贵州省农村科技致富能手""全国农村科技致富能手""全国'三八'红旗手""全国劳动模范"等称号，受到了邓小平等中央领导亲切接见。

一、十里八乡的蔬菜"二传手"

1945年，胡天英出生在紫云县（今紫云苗族布依族自治县），她从小聪慧善良、勤劳肯干。1962 年初中毕业后，她参加了扫盲班和夜校的文化学习，而后受县领导指派从事"四清"工作，具有一定的文化基础和农村工作经验。1967 年经人介绍，与当时在部队服役的沫阳罗沟村人吴永光结婚。1971 年，因叔公残疾需要照顾，胡天英的爱人吴永光从贵阳百花电站调到罗甸县当地的水电公司工作，26 岁的胡天英与丈夫一起回到罗沟村生活。

虽然有着充分的心理准备，但现实生活却远比胡天英的想象还要艰难。夫妻二人不仅没有房子、没有钱，甚至吃饭的碗和筷子都是亟须解决的问题，是真真正正的"一穷二白，身无分文"。胡天英意识到，从那一刻开始，她就是丈夫心中的依靠，就是家中的柱石。因此，她非但没被困难吓倒，反而信心百倍地投入到了家庭建设当中。她从仓库里找到一个大箩筐，回家用水泥糊住，用来当水桶装水用；在家门口开辟一块地种植四季豆，搭建猪圈养猪；用从娘家带来的布做了窗帘，开始照顾叔公的生活……虽然家徒四壁，却干净清爽，安宁温馨。丈夫投来了感激的目光，并更加起劲地工作。热心的乡邻们打心眼里接受了胡天英，大队领导亲自上门请这个有文化的外来媳妇做村里的民办老师，带领娃娃们"学文化"。

上有残疾老人，下有 4 个孩子。为了让丈夫安心工作，胡天英吃苦耐劳、精打细算。那时，丈夫工资微薄，胡天英当民办教师每月工资仅有 14 元钱，始终没有摆脱经济困境。而且，她每天还要利用中午仅 1 个小时的休息时间，匆匆回家给老人和孩子做午饭。1980 年，国家实行家庭土地联产承包责任制。由于家中没有劳动力，胡天英辞去了民办教师工作，回家专心种菜弄田。受家庭影响，四个孩子早早立世，每天都争着帮妈妈做家务、担水浇田、卖菜，以减轻家庭负担，但胡天英一家却始终没有摆脱沉重的生活压力。

沫阳镇属布依族聚居地，受传统的自给自足小农经济意识影响，在 20

世纪 70 年代末期，基本没有商品经济的概念，周边农户很少有人种菜卖。当时，胡天英不仅在家门口种植四季豆，而且还在家门前摆摊售卖，引来了当地干部、百姓的赞叹："这么多年，我们没有种植过的四季豆，却在她的手中开了头。"

1980 年的初夏，胡天英几乎每天早上都挑着两大筐四季豆上沫阳街上赶早集。这事也"惊动"了区里的领导。区长罗仕奇在街上买菜时，特意告诉胡天英："县农业局准备搞一个蔬菜培训班，你去学学嘛！我们区里正在组织人去，你就是一个了。"

胡天英一阵惊喜："是哪里的老师来上课？"

"省农科院的，叫李桂莲，年纪跟你差不多，专门搞蔬菜研究。听说参加学习的人还可得到早菜新品种的种子呢。"

胡天英后来说，罗仕奇的关怀成了她后半生辉煌的起点。后来她成为"早菜大王"，准确地说是从那个凉悠悠的早晨开始的。

和胡天英一起去县农业局参加培训的一共有 12 个人，胡天英是唯一的一个女性。

李桂莲在讲授早菜栽培技术时，发现有一个穿着朴素、与她年龄差不多的村妇在认真地做笔记，她有心记下了这个村妇的名字——胡天英。

"你是哪个区的？"下课后，李桂莲找胡天英单独交谈。

"沫阳区沫阳公社罗沟大队的。"

"你读过初中，还是高中？"

"初中毕业。老家是紫云县牛场坡的。我爱人在罗甸县水电公司工作。"

"你一直在干农活吗？"

"从 1975 年到 1980 年，我教过书，当过民办老师。"

李桂莲有些恍然大悟地"哦"了一声。

"李老师也教过书？"胡天英问。"没有，我一直搞蔬菜研究。"

两个不同身份的女人就这样走在了一起。

1980 年举办的第一次培训班，一下子就有 100 多人参加。李桂莲主要讲番茄、黄瓜、茄子、辣椒等新品种的栽培方法。3 天时间，胡天英的本子里全记满了。培训结束后，胡天英领了 4 个早熟番茄品种的种子：北京早红、强丰、希望 1 号和佛落雷特。

李桂莲说："你有文化，会做成功的。我相信你。"

"你经常来罗甸吗？"胡天英很舍不得离开这位知识丰富的贵阳大姐。

"经常在罗甸。"

"那你有空到我家坐坐。"

李桂莲很喜欢胡天英，冥冥之中她有一种感觉：这个布依女子，将会成为罗甸一个引人注目的人物。

后来，人们称参加这期蔬菜技术培训的农民为罗甸蔬菜"黄埔一期"学员。从那时候起，胡天英的思想就很积极向上，开始向党组织靠拢。

"我把李桂莲老师讲的话原原本本记录下来，运用到实践中去，效果真好。"胡天英有一定的文化基础，加上勤奋好学，李桂莲老师也格外欣赏这个悟性极高的学生，多次上门传授技术，指导种植。在师生的共同努力下，4 分地的西红柿就卖了 670 元。回忆起当初的第一块试验地种出的效益，胡天英仍然激动不已。这在当时，相当于一个工作人员的全年总收入。消息传开后，在当地引起了不小的轰动，周边村民纷纷前来参观学习，请教种植技术。由于胡天英有一定的文化基础，悟性高，又得到李桂莲老师的精心指导，很快成为沫阳片区的蔬菜种植技术"二传手"，并在当地推广早春蔬菜种植。

"要带更多人致富就必须入党，党员讲话有力量，大家肯定信。"1981

年，胡天英先在罗沟村带动 10 户农户种植 5 亩蔬菜，当年就实现了亩产值 1600 元，她成了全县瞩目的佼佼者。1982 年，胡天英应周边村民的要求，将种植产业辐射到周边村寨，扩大种植面积 200 余亩。胡天英不仅自己搭上了"种植培训"的专列，还携着村民一起奔向了富裕站。1982 年，她光荣地加入了中国共产党，以党员的身份践行"为人民服务"的使命和初心。

实践中，胡天英倾力付出，毫无保留。面对大家遇到的难题，她总是逐字逐句地讲解，手把手地教授，即便荒了自家的地，也要帮助乡亲们把作物打理得井然有序。渐渐地，不论谁家遇到困难，有了烦心事，都愿意登门向胡天英倾诉。就这样，胡天英在一点一滴中与当地村民血汗相融，成为大家心目中当之无愧的知心人和领头雁。

为破解早春蔬菜种植的难题，提高作物的成活率，从 1982 年开始，胡天英在自家田地里开始尝试使用地膜技术。1984 年，待技术成熟后，她毫无保留地将技术传授给乡亲们，促进了地膜技术的大面积推广。她给村民培训，不仅包教包会，而且从不收取费用。

胡天英成了沫阳的传奇人物。她的家搬到沫阳街上后，家里从没断过客人，那些客人大多都是来询问早菜栽培技术的。一遇到赶集天，街上赶大集，胡天英家里赶小集，一拨又一拨村民都来找她，问她番茄得病怎么做才治得好，脱布津用完了到哪里要，有的还叫她帮忙联系黄瓜和茄子的销路，凡与早菜沾上边的事，都找她。胡天英忙得不亦乐乎。有人跟她开玩笑："天英，你家可开学堂了。"

这么多年来，村民们因为找她在她家吃了多少顿饭？住宿过多少晚？她送给村民们多少物资，多少钱？没人能算得清楚。从 1984 年起到 1990 年，胡天英每年花在种菜技术指导上的时间，超过一个月。胡天英说："都是一家人，计较那么多搞哪样！"

就这样，在胡天英的带领下，从 1984 年起，沫阳镇周边蔬菜种植面积始终保持在 5000 亩以上，亩产值从 2000 元达到了 1.5 万元。"我们沫阳镇周边能够建起平房的都是种植早熟蔬菜的农户。"在胡天英的示范带动和技术指导下，当地农户开始种植早熟蔬菜增收致富，早熟蔬菜种植产业成为当地群众的主打产业。"开始种菜的那几年，都是她手把手教我们的，育苗、施肥、施药、防虫害等样样都教。"罗沟村村民罗米家信说，在胡天英的带动下，她家种植了 3 亩地的蔬菜，几年就建起了平房。

胡天英用自己的进取精神和爱心，带领乡亲们走出了一条脱贫致富之路。在她的带动和影响下，从 1981 年起，全沫阳镇的早菜种植农户由 130 户，发展到 1997 年的 1600 多户，种植面积由 190 亩，增加到 1997 年的 3000 亩，产量达 80 万公斤，产值 140 多万元。沫阳早菜走出贵州，走到成都、重庆、长沙、南昌、武汉、郑州等大城市居民的餐桌上。胡天英不仅自己带头致富，还带领全镇 1000 户农民走上了致富道路。

在她的带领下，沫阳镇发生了翻天覆地的变化，家家户户不仅摆脱了几辈子的贫困面貌，还改善了生活条件，相继购置了电视等家用电器，盖起了平房。每一个人都挺直了腰板，脸上都挂着幸福满足的笑容。

直到今天，在贵州或只要一提起早春蔬菜种植，人们的第一印象里就会浮现出沫阳镇红红火火的种植产业，就会闪现出胡天英的挺拔身姿。

二、三十载的村支书

1982 年，村党支部换届选举，胡天英全票当选村党支部书记，这是众望所归的事。望着乡亲们激动的笑容，耳边经久不息的掌声，胡天英下定

决心，一定不辜负党的培养，不辜负组织和群众的信任，一心一意把工作
做好，摘掉贫困落后的帽子。

从 1982 年到 2013 年这 31 年的时间里，胡天英扎根乡村，连任村党支
部书记。她充分发挥早春蔬菜的种植优势，不断改进技术，丰富品种。当
时的沫阳属于贫困地区，面对亟须大力度、大面积推广的种植技术，几乎
所有农户都面临着缺少资金的难题。胡天英想农户所想，急农户所急，以
最低的价格出售种子和地膜。针对没有资金能力的农户，她总会自己垫付
资金先行周转。对于当年收入不佳、没有偿还能力的农户，胡天英则对"还
钱"一事只字不提，仿佛从未发生过一般。直到现在，胡天英仍有 3 万余元
的垫资没有收回。她这些无私的帮助，激发起了当地农户的致富信心与决
心。为推广蔬菜种植，扩大招商引资范围，胡天英还办起了农家餐馆，让更
多的人品尝到沫阳农村的绿色蔬菜……

因为带民致富成绩突出，胡天英连续被评为县、州、省模范代表。
1988 年，胡天英被推选为全国少数民族先进代表，参加了在北京人民大会
堂召开的表彰大会。会议由时任国务院总理李鹏同志主持，与会人员受到
了邓小平同志的亲切接见，并在人民大会堂光荣合影。1989 年，她又被光
荣地评选为"全国劳动模范"，再度来到首都北京接受表彰。国宴上，胡天
英的激动心情简直无法用语言表达，面对隆重、热烈的国宴氛围、精美的
菜肴，她竟忘记了用餐，只想用眼睛把珍贵的历史时刻铭记在心中，印刻
在脑海里。"我们到北京参加劳模表彰大会，贵州只有 4 个人参加国庆宴会，
我激动得饭都没顾得上吃，只留下了一张菜谱和几个领导人的签名作为纪
念。"回忆起当年的情景，胡天英记忆犹新。同年，她还被评为"全国三八
红旗手""全国农村科技能手"。

她说："工作中一遇上困难想放弃的时候，我就会告诉自己，当年能从

一个普通村民当上全国劳模，能从一个乡间小村走进国宴大厅，那么现在也能克服困难、干好工作。"就这样，带领村民进行蔬菜种植成了胡天英 20 年如一日的坚守。每当遇到困难，她都会从中汲取勇气和力量，哪怕是牺牲个人利益，她也在所不惜。

1997 年 10 月中旬，沫阳镇驻村干部和胡天英一道，到罗沟村最穷的一个组——打羊组。打羊组已连续 3 年缴不起公粮。1995 年当选为罗沟村党支部书记的胡天英，曾多次到这个没有通公路的组做工作，但群众思想顽固僵化，一贯排外，根本不接纳任何人的意见，"保持"贫困面貌，已成为这个组多年来的"传统"。村民们不断向森林进犯，索要土地和苞谷，刀耕火种的浓厚气息，依然在这里弥漫。打羊组已成沫阳镇的"老大难"。

"胡天英又来了。"

"那位种菜大王又来叫我们种菜了。"

"别理她，她是把工作做好了，好给自己脸上贴金。"

"话不能这么说，人家胡支书是一片好心。"

开群众会时，群众唧唧咕咕，议论纷纷。

胡天英捋了捋头发，任群众议论。议论平息后，她说："打羊组的人并不笨，但打羊人为哪样富不起来？一个字——怕！怕做前人没做过的事，担心做过后不得吃。比如说种早熟蔬菜，其他几个组都种了，全镇都种了，就只有打羊没有种。田少，可以用地种。有人说种菜麻烦，大家说说，做哪样不麻烦？我们连鞋底都是一针针纳成的。大家光想做轻松的事，砍一坡山林，放一把火，点上苞谷，成了，只等六七月间收苞谷进家了。都 90 年代末了，可大家还在搞原始农业，刀耕火种。你们看看，那些山林还有哪样东西？哪样也没有，光秃秃的，这对得起老祖宗吗？对得起下一代吗？山林砍完了，还能再砍哪样？没有砍的了，就坐着等挨饿。大家为什么不从其他方面动脑筋、想办法呢？我讲过，打羊组今年无论如何要种早菜的，现在时间有点晚了，没关系！用地膜加拱棚来种，种子、农药、化肥、地膜，我来解决，技术由我来辅导。如果大家今年不种，我从此不再来你们组；你们哪个来我家，我也不理睬了，为哪样？因为我感到害臊，见你们这样我就脸红。大家想想嘛，就算我胡天英出的这个主意不好，可你们从来没有人想过要'郎个办'，才会脱贫致富。到镇里县里开会，人家一提起打羊，我这个支书恨不能钻到地底下。"

有人说："我们想种早苞谷，早苞谷在街上也好卖呢。"

胡天英说："这也是一个办法，但不是根本办法。大家一窝蜂种苞谷，又要去砍树林，是不是？"

"我寻思了好久，大概是打羊没公路，才这么穷。"有个村民说。

"这话有道理，但不是穷的根本原因。"胡天英说。"我想过了，这条路该'郎个修'。现在提到路，我就讲路的事。明天，派人去我家，我拿100块钱给你们买雷管炸药。每次你们总是说，要修路，没钱买雷管炸药，这个问题包在我身上。这条路今冬明春必须修好，接上沭阳公路。"

会议开了两个多小时。群众议论说："人家胡支书这样帮我们，再不主动起来，真的太不像话了。"大家一阵讨论，最后商定：马上种早菜，种完菜后马上修路。

第二天，打羊组组长到胡天英家拿了100元钱。组长有些不好意思地说："这钱，以后我们还给你。""不用还了！这是我支援打羊的！"

组长的泪水直在眼眶里打转。

胡天英语重心长地说："自己先带头，牺牲小利益，才能得到群众的信任。"

2005年，龙滩电站库区移民，茂井、凤亭等40余户人家想搬迁到罗沟村，但要求县移民局落实田土，才肯搬迁。在协调土地转让过程中，由于受传统农耕思想的制约，该村许多农户不愿意出让土地，一时间，移民搬迁安置工作陷入了僵局。胡天英在多方动员的同时，带头出让了自家的3亩田土，给村民们带了头，村民纷纷出让部分土地，移民搬迁安置工作得以落实。

2009年，县扶贫办准备开发罗沟村一片山地，以用来种植果树或蔬菜，增加当地群众收入。听到消息后，许多群众一时想不通，认为国家开发土地后，土地就归国家所有了，所以不愿意开发，还组织人员集体阻碍动工，导致项目无法落实。"你们村干部，管好你们的事就行了，我们的田土，我们想怎么种，那是我们的事。"村民们说。胡天英挨家挨户做思想动员工作，宣传相关政策，最后才把项目落实下来。

罗沟村在全国劳动模范、县蔬菜致富带头人、村党支部书记胡天英的带领下，因地制宜，大力发展早熟蔬菜，许多农户因种早熟蔬菜盖上了洋房，家里添置了彩电、冰箱、电话、空调……

腰包鼓了，村民笑了。如今，罗沟村富了，部分移民户也盖起了新房，买了小轿车，过上了火红日子。

"会讲姨妈话，会磨嘴皮子，一碗水端平。"这是胡天英担任近30年村支书的工作总结。

"现在村里的一些协调工作，我们都要请老支书出面。"现任罗沟村支部书记杨本江说。现在的村支两委班子都是胡天英带出来的，虽然她老人家已离任，但是村里面一有重要事情，还得请教她出谋划策，她也积极主动参加村里集体活动。

三、今天的"奶奶院长"

2013 年，罗甸县民政局局长来到胡天英家，与她进行了推心置腹的长谈，请她出任罗甸县沫阳镇敬老院院长。领导说得非常诚恳，这项工作辛苦繁重，需要有高度的责任心、超常的工作能力和无私的奉献情怀。而且在所有人的心目中，胡天英是最合适的人选。面对组织的信任，胡天英"连拒绝都来不及想一想"。"坚决服从组织上的安排，党分配我做什么，我就踏踏实实尽最大努力做好嘛。"应在家里享受天伦之乐的胡天英毫不犹豫地走上了新的工作岗位。

敬老院收容的是残疾人、五保户、社会孤儿和孤寡老人，都是民政扶贫的对象。很多人不愿意在敬老院工作，觉得这是份"苦差事"，但胡天英不挑。她说："我是一名党员，又是'老劳模'，不管党分配我做什么，我都要尽最大努力做好。"

刚进院里，"不了解院民情况"和"与残疾人沟通不畅"是摆在胡天英面前的两大难题。为了解决语言交流障碍，胡天英就学手语打手势。"边学习边摸索，将心比心，用真心换真情。"现在，只要一个手势，一个眼神，他们就能明白彼此要表达的是什么。

起步之时，院里的一切工作都要从零做起。胡天英一边耐心细致地照顾入住的 8 位老人，一方面从规范日常管理、提高服务质量做起，进行了新一轮的探索实践。

为了能全面掌握院民情况，胡天英进行一一摸排了解，并把每个院民的情况做成台账，方便她查看。

"老宋公有胆囊炎，不能吃太过油腻的食物；罗绍井眼睛看不见，需要

◉ 罗沟村敬老院

打水给他洗脸洗脚……"现在说起院民情况，胡天英不用翻看台账也能如数家珍。

胡天英清楚地记得，第一次见到罗绍井他头发蓬乱、身体消瘦、皮肤黝黑。也许是刚来不习惯，罗绍井脾气还特别大，总是嚷嚷着要回家。一开始，院里的其他老人都不与他相处，只有胡天英愿意耐心地疏导他，每天安排人照顾他的饮食起居。胡天英说："不管怎么样，他始终是我们院中的一员，我要照顾好他。"

记者最近一次见到罗绍井，他头发整齐地拢在帽子里，脸上也有肉了，就连脾气都好了，也能和大家融到一块了。罗绍井说："我现在待在院里，哪里都不想去了。"

有一次，40多岁的罗小然趁院门开着的瞬间偷偷溜走了。

他不会说话，来院里不习惯，老是想出去。这急坏了胡天英和院里的其他工作人员，大伙马上出去进行拉网式寻找，有沿小路找的，有开车沿大路看的……最后在离敬老院5公里以外的地方找到了他，胡天英才松了一口气。

院里有17个孤儿，在胡天英眼里，他们就是自己的孙子孙女。胡天英每天操心完他们的学习就操心他们的生活，就连怎么保管好自己的零花钱这种事情，胡天英都要教他们。

"女孩子要锁好门睡觉，不要让陌生人进房间。"每周五晚上是胡天英与孩子们的"家庭会议"时间。

老人们的作息时间如何确定才利于健康？不能自理的老人应该提供哪些服务项目？什么样的餐菜口味老人们更喜欢？除了最基本的服务，在精神层面上的服务还应该如何提升？……胡天英将这些问题全部罗列在脑海里，想方设法逐个破解。

胡天英的付出，大家都是看在眼里、记在心里的。当记者随胡天英一起去看望宋光文时，86岁的他立马站起来给胡天英让座。

"你眼睛不好，你坐嘛，不要管我。"见宋光文起身让座，胡天英连忙扶住他，以免他摔倒。

"你坐你坐，我不要紧。"宋光文坚持让座，胡天英无奈，只好从旁边搬来一个凳子陪他坐下，宋光文这才"罢休"。宋光文是2014年到

◙ 胡天英为老人整理床铺

沐阳镇敬老院的。在此之前，他在两个敬老院待过。用他的话说，别的地方什么都好，就是没有"家"的感觉。

来这里后，胡天英不仅把他的饮食起居照顾得很好，还常常陪他说话解闷，让他黑暗的世界里有了温暖的阳光。

宋光文说："我不会说什么好听的话，但她对我的好，我都放在心里咧！"

胡天英生病住院，不断接到来自敬老院的暖心电话。一位80多岁的老奶奶对胡天英说："你要快点好起来，我们都很挂念你。这个敬老院，你在我们就在，你不在，我们也就不在了。"

胡天英很感动，她说："你们挂念我，我更挂念你们，为了你们，我也要赶紧好起来。"

住院期间，胡天英从来没闲过，每次打电话她都要叮嘱院民们好好相处，嘱咐工作人员要做好服务。她说："我担心我走了工作人员与残疾的院民沟通不畅，担心他们住不舒心，我很想早点回去陪他们。"

胡天英再次创造了奇迹。在她的努力下，以"人性化"管理著称的罗甸县沐阳镇敬老院得到了广泛认可，越来越多的老人、残疾人和家属将这里作为养老首选。敬老院现入住95人，残疾人比重逐年增加。2019年，院里有15名留守学生初中毕业，顺利升入高中，还有2名考了大学。临别之际，心怀感恩之情的孩子与胡天英恋恋不舍。

"子女都劝说不做了，可是我又放心不下院里面的人。"胡天英说，敬老院里每个人都有一本辛酸故事，这让她和敬老院里每一个老人、孩子都惺惺相惜，并且越来越放不下。"身体允许的话，再干几年，现在党的政策好啊，我也要发挥余热，多为群众做点实事。"胡天英经常这样念叨。

自打走马上任，胡天英就以敬老院为家，吃住都在那里。而且事无巨细，大小事情她都要亲自过问，每天晚上都要带领管理人员把院里上上下下检查一遍。胡天英说，敬老院里的每个人都是她的亲人，都值得自己真情付出。这里有承受着丧夫、失子之痛的老人，有承受着肢体痛苦的残疾人，有需要得到关爱的留守儿童，还有参加过抗美援朝的功臣……这里的每一个人都需要她。

为了帮助老人们丰富精神生活，排遣寂寞，胡天英便带领全院职工每天与老人谈心、聊家常。在她的影响下，许多单位、团体、慈善机构主动到敬老院参观、慰问。每年重阳节，都有单位和个人自发地来到院里，陪老人们过节。2018 年，50 余名来自贵阳市的爱心人士来院里慰问，捐钱捐物；还有一位广州慈善人士，寄来了几十件新衣服。2019 年重阳节，学生和老师们来到敬老院，陪老人们一同包饺子、进餐。老人们高兴地说，又找到了儿孙满堂的感觉。胡天英的事迹在不断感染、带动着周边所有人。罗甸县专做蔬菜配送的福寿缘健康科技有限公司以每天 200 元为标准，免费为敬老院提供半年的蔬菜供应……建院以来，敬老院共接待社会各界爱心人士的爱心关怀和帮扶活动千余次，累计收到捐助物资及现金合计 20 余万元。

目前，胡天英结合敬老院实际，正在设立兴趣爱好手工工作室，让老人们做一些传统手工艺，在劳逸结合中收获乐趣。

与众不同的是，胡天英还将爱教育植入了日常生活的点点滴滴。在沫阳镇的敬老院里，每周六是固定的升旗日。"要让所有人都懂得感恩国家给我们带来的幸福生活。"胡天英明白，一个普通家庭，要想有凝聚力，充满活力，学习教育不可少，更何况是这样一个特殊的大家庭。经过深思熟虑，结合敬老院的实际情况，胡天英就想到每周举行升旗仪式，通过升旗仪式激发大家的爱国热情，让大家深刻体会到今天的幸福生活来之不易，从内心深处感激国家，感谢共产党。"每次有新人进来，都要教他们学排队、学唱国歌，向国旗行注目礼。"胡天英说："因为人员情况的特殊，要一个一个地纠正动作，手把手地教，对于脾气不好的还要有耐心才行。"

升旗仪式结束之后，接着召开敬老院全体会议，通过看电视和讲解的方式带领大家学习，了解国家的好政策。同时对上一周出现的一些问题进行总结，找原因解难题，表扬表现好的"亲人"，鼓励大家向他们学习。

"每个星期六都是大家最开心的一天。"管理员唐登国说。感党恩、跟

◙ 胡天英发放爱心衣服

党走……这个平凡的日子成了大家最期待的好时光。

胡天英告诉记者，敬老院里除了老人以外，还有 26 个孤儿，孩子们星期一到星期五都在学校学习，只有周五下午才放学"回家"来。举行升旗仪式是非常庄重严肃的，这个"家"里的所有人都必须参加，一个人都不能少。

建院以来，每个周六，敬老院都要举行严肃、庄重的升国旗仪式，这一惯例一直延续至今。通过升旗仪式，胡天英引导学生们树立共产主义远大理想，珍惜来之不易的幸福生活，以感恩之情为中华民族的伟大复兴贡献自己的力量。党的十九大召开之时，胡天英组织全院所有人收看大会盛况，以自己的一言一行，树立起了"不忘初心，牢记使命"的榜样。

"把老人当作自家的老人，把孩子当作自家的孙子，以院为家。"在胡天英这只"领头雁"的带领下，院里的 6 名管理人员都以她为标杆，向她看齐，团结互助，齐心协力，一起定制度、搞活动，以高标准的要求服务好每一位"亲人"，让大家感受源于"家"的爱和温暖。

虽然已是 77 岁高龄，但乐观豁达的胡天英却干劲满满。她说："身体允许的话，我要活到老，干到老，多为群众做点实事，把党的温暖带给更多的老年人，用最好的工作报答党组织对我的培养！"

夕阳无限好，人间重晚晴。胡天英以坚强的党性和高尚的人格，为美丽夕阳注入了如火激情，增添了靓丽色彩，是美丽乡村里最美丽的风景！

大山深处一面不倒的旗帜：何元亮

何元亮（1939—2014），贵州罗甸人，1958 年 11 月加入中国共产党。曾任贵州省罗甸县云干乡大关组组长、村委会主任、村党支部书记、乡党委副书记（村党支部书记），中共第八届贵州省委候补委员等职。1995 年被评为全国劳动模范、全国以工代赈先进个人、中共十五大代表。从 20 世纪 80 年代中期开始，带领村民开山炸石，背土造田，种植药材、水果等经济作物，发展畜牧业和家庭养殖业，使全村群众走上了脱贫致富道路。

一、这里不适合人类生存

走进贵州省黔南布依族苗族自治州罗甸县大关村，一条条道路干净整洁，一块块田地郁郁葱葱，虽然已进入初冬时节，但村落里却散发着一派生机勃勃的景象，村民们提锄荷担，在不久前收获了庄稼的田地里又种上了白菜。艰苦奋斗、勤劳勇敢、自力更生，这是大关村村民质朴的品质。

昔日的大关村，是一个远近闻名的"三缺""三靠"极贫村，缺粮、缺水、缺钱；吃粮靠返销，用钱靠贷款，穿衣靠救济。这里的生存条件极差，人们在石旮旯里种地，在岩石缝中打粮，"春种一片坡，秋收一竹箩"是其真实写照。尽管很辛劳，但收成甚少，常常是"一年辛苦半年粮"。面对艰难的贫困现状，面对祖

◉ 20世纪80年代，大关村的孩子上学走的山路

祖辈辈苦挣苦熬仍然吃不饱饭的苦日子，大关人曾向天发问：难道大关水土真的就养不活大关人？

　　大关村的确不具备起码的生存条件：全村找不到一块超过几十平方米的自然平整地，饮水全靠两公里以外的一眼泉水，途中还要翻越两座山。大关村没有一亩稻田，1270亩旱地分布在180多个山垭、窝凼、陡坡的石旮旯里。12个村民组、234户人家，分布在138个山湾湾里，走遍全村每户人家至少得半个月。因为地理环境恶劣，村民们种不了水稻，只能在山间地头种一些玉米，还要经常面临吃不上饭的窘境。贫穷就像那些张牙舞爪地围困大关的石阵，成为一场永无尽头的噩梦，缠绕着大关人。1980年全村人均粮食仅130斤，人均纯收入45元，生活十分艰辛。嫁到大关的媳妇，第一件事是学做苞谷饭，这是他们终年的口粮；第二件事是带着自家的男人回娘家想方设法赖着不走。这第二件事不用教，大关的媳妇都会。等到实在赖不下去了，背着娘家送的一袋米，一步三顾地回到大关，眼睛哭肿了，心也哭冷了。

　　"大跃进"时期为了扩大种植面积，将原始森林斩伐干净，无情的山洪

◎ 大关村全貌

将地表薄薄的土层扫荡得体无完肤，大关就只剩下嶙峋如森森白骨一般令人毛骨悚然的石漠。专家考察后得出一个结论：这里不适合人类生存。

彭永芬老人依然记得当年的日子有多么艰苦："我是从有米吃的地方嫁来大关的，来了之后，只有逢年过节才能有米吃，平时都只能吃苞谷饭。"

二、路在何方

农村实行联产承包责任制后，大关人也将山地分别承包给了个人，但在光秃秃的石旮旯里刨食，依然填不饱肚子。

何元亮带着村里的青壮劳力外出打工。他们走州府、上省城、到外省，住山洞、喝冷水、啃干馒头，拼死拼活挣得的一点钱，除去路费、日常开销，还是难以养家糊口。

面对贫困生活的困扰，作为党支部书记的何元亮确实没有少动过脑筋。

其中一个念头就是"人挪活，树挪死"，他要带领他的村民们逃离这穷山恶水的大关。他打听到邻县平塘西关农场和本县的一部分荒田农场要"下马"，想着这可能是乡亲们一个新的生存之地，就急着赶去打听消息，实地察看。为此，他揭下自家房上的瓦卖得60元钱作为路费，先后三下荒田、六上西关。跑了一趟又一趟，看了一次又一次，想了一番又一番，始终难下外迁的决心：外迁需要的钱哪里找，在异地他乡重建家园又谈何容易，更何况作为大关的子孙，能忍心将祖辈们留下的那片山那片土从此荒掉？

何元亮深知榜样的力量。1983年冬天，李必兴、李必先两兄弟和何元亮在自家门口不远处的窝凼里开始劈石造田，带头造田示范给村民看。经过一个冬天的忙碌，三人凭着钢钎、大锤，硬是在石头上造出了村里0.2亩的"大关第一田"。这块田，第一年就收了30斤谷子。造田成功了，村民沸腾了。大关人劈石造田的序幕就此拉开。

何元亮1984年当上了村党支部书记。当时他的想法是希望尽快解决老百姓的温饱问题，千方百计、一心一意只想解决吃饭难的问题。45岁的何元亮在岗期间，恰逢县里开始修建通往大关村的公路，原先的悬崖峭壁硬是被凿出了一条公路来。何元亮在打石、砌坎、铺路的劳动中，脑子里渐渐浮出一个清晰的思路：劈开大山能修路，难道就不能造田？如果有了田，有了土，就能靠自己填饱肚子，告别贫困。

1984年9月，何元亮组织召开村民大会，动员村民造田："苦熬不如苦干，劈石抠土也要造出水田。"这次会议，在大关村历史上具有里程碑的意义。在会议上，何元亮动员村民们把"熬"换成"干"，把"逃"换成"拼"！

会议开得异常艰难，封闭的思维和生活习惯将村民们束缚住了，会议连开了三天三夜都没有结果。"穷得裤裆无底，哪有钱开山放炮？""要能开的话，老祖宗早就开了，还轮得上我们？"但是何元亮认准一条：不造田，只有饿死、穷死；等死，不如拼一把。何元亮搬出"支书"这把"尚方宝剑"，定下"土政策"：

"5年里，每个人开半亩田，不接受任务不散会。谁不干，就收回他的责任地。谁造出的新田归谁所有，新增一个人口，必须新造一亩田。"支书的权威，迫使村民们不得不低头同意，但他们从内心并不认可造田。

回想起1984年的那次会议，何元亮曾这样说："老祖宗没给咱们造田，咱们自己造！只要有了田，就有了生路，不管你们同不同意，5年之内，每年要造出半亩田，谁造出来的就归谁。谁不做，就收回他的责任田，拍卖给别人……"

三、说干就干

何元亮说："开田很不容易，火烧田、结婚田、老少田……各种各样。那时候村支部经常开会，只要是赶场天就要开一次。"

在村党支部的带动下，全村人都豁了出去，为了凑钱买钢钎、铁锤、炸药等物资，全村人卖掉了家里所有值钱的东西，连下蛋的母鸡都没有留一只。买来的炸药用完了，就炒锯木屑拌上硝，自制炸药。土制炸药也没钱可制时，他们就把柴禾堆在石头上烘烧石头，然后泼水使顽石龟裂，再一锤锤、一块块地打下来。男人抡锤、女人掌钎，大块石头砌田坎，小块石头填坑洼，碎石、黄土一层层铺上成为基床，再从石缝里抠出万年积土填成两尺厚的水田。这样的战天斗地整整延续了近20年！大关村硬是在嶙峋乱石中砌出了1642亩高标准稻田，实现人均1亩水田的梦想，

◉ 何元亮带领村民劈石造田

还配套修建了 558 个蓄水 2 万余立方米的蓄水池，使 80% 的稻田能得到有效灌溉。

　　那些年里，天色绽明，贵州大关村的山谷里村民陆续出动，身强力壮的男人步行到山里干活。举起大铁锤在质地坚硬的岩石上开凿炮眼，把自制的土炸药放进去，点火引爆。岩石被炸开后，村民们把碎石分层铺垫，大的石块用来填平山垭里的深坑，还要砌坡坎；小块的碎石用来塞缝垫底。铺好石底后，先用一层黄泥垫底，防止水渗出，最后才填入约 8 公分厚的土。

　　村民王明光因为夜以继日地拼命造田，导致过度疲劳，在点燃炸药导火线后挪不开脚步，被炸伤了一只眼睛，炸断了右手的三根手指，这块田也由此被命名为"血田"。后来，罗甸县党委政府有关部门被大关村的造田事迹

◎ "大关第一田"造田碑

◎ "血田"造田碑

◎ "老少田"造田碑

◎ "连心田"造田碑

感动，免费提供了6管炸药，大力扶持村民造田。

现如今，在大关村的田边，立着四块石碑。一块是"血田"碑，上面记载着一位村民炸伤了眼睛，炸断了手指，依然坚持劈石造田的艰苦经历；一块是"祖孙田"石碑，刊刻着一家祖孙三代一起上山造田，3年奋斗不止，将这块原本只有一分多的地造成了九分八的田的故事；一块是"火烧田碑"，记录的是一户没钱买炸药的村民，夫妻俩用火烧石，浇冷水，用木棍撬……造出了三分田的过程；还有一块是"连心田"碑，讲述了一户人家破石开山遭遇困难，其他村民齐来帮忙的事情。

38年后，74岁的李必兴老人，对当年开田的情景还记忆犹新，他感慨道："大关太苦了，我们太想有水田能吃大米饭了。没有钱买炸药，我们就抱来柴火在石头上烧，等石头烧烫了就用冷水泼，顺着炸出来的裂缝一点一点撬。为了造田，大家卖了生蛋的老母鸡，买来钢钎大锤，恨不得

◙ 何元亮和村民们在稻田里

早点开垦出一片田。"

李必兴 45 岁的儿子李祖军也说："我还记得小时候，一起床就跟着大人去山上开田，然后回家吃早饭，再跑着去学校上学。那时候，村里男人抡大锤，女人掌钢钎，老人小孩砌石抠土。有一年，大年三十，我们一家人开田到太阳落山，才回家煮年夜饭。"

从 1984 年到 1996 年的 12 年里，大关村村民锤敲锄挖，肩挑背扛，全村造田 1200 多亩，人均 0.83 亩，彻底解决了温饱问题。在贫穷与饥饿中战天斗地，共克时艰，一步步探索着脱贫之路，流血流汗造出了"大关第一田""血田""老少田""结婚田"等田地，彻底摆脱了吃不上大米、吃不饱饭的日子，并创造了"自力更生、艰苦奋斗、坚韧不拔，苦干实干"的大关精神。大关人的壮举，为喀斯特石漠化山区群众脱贫致富找到了一条出路，为"八七"扶贫攻坚中的贵州反贫困大业做出了榜样。

1991年江泽民总书记在接见何元亮时，对大关精神给予了高度评价和赞扬。

1996年11月1日，时任中华人民共和国国务委员陈俊生率国家机关有关部委到大关村考察，并为大关题词："向大关村学习，苦干、实干致富。"

1996年12月23日，中共贵州省委、贵州省人民政府发出《关于广泛开展学大关活动的决定》。

1997年，中央电视台于除夕之夜，千里迢迢赶到村支书何元亮家，实地拍摄了大关人劈石造田的英雄业绩。

1997年2月16日，《人民日报》在头版头条报道了大关精神，称大关精神"不仅战争年代需要，和平时期同样需要；不仅贫困地区需要，富裕地区同样需要；不仅农村需要，城市各行各业同样需要"。

之后，中央电视台于同年3月26日起连续4天在《经济半小时》栏目报道了大关村，大关人自力更生、坚韧不拔、不屈不挠，敢与恶劣环境做斗争的伟大壮举在全国引起强烈的震动。人们不禁发问：人类最不具备生存条件的地方可以脱贫，那么中国还有什么地方不可以脱贫？

在八届全国人大五次会议贵州代表团全体会议上，中央几位负责人讲话时都谈到了大关精神，并做出高度评价。乔石委员长说，大关精神很好，改变贵州贫困面貌，就是要发扬这种人定胜天的精神。国务委员陈俊生说，2月16日《人民日报》在头版头条刊登大关村事迹后，全国有很多地方给他写信，都说大关精神，很不简单，值得学习发扬。大关精神不仅对贵州战胜贫困有重要意义，而且对全国都有重要意义。姜春云副总理举起2月16日的《人民日报》，高声赞扬："大关精神了不起。"他强调："对大关精神应该叫好，应该佩服，就是要用这种精神去征服贵州的穷山恶水。"同时，全国也掀起了学习大关精神的浪潮，仅从 1996 年到 1998 年，全国各地前来参观学习的代表团就达到 2000 多个，参观人数近 10 万人次，何元亮被称为"当代的新愚公"，大关也被誉为时代的"精神家园"。

四、第二次创业

"田地种粮薯，山栽林果药，圈内养鸡猪，打工增票子，提前奔小康。"

吃饭的问题彻底解决了，造田时，山上石旮旯中的泥土被抠出用以填田，原本就生态脆弱的大关，现在许多地方变成了森森白骨般的连片石漠。

何元亮带领大关人又开始了第二次创业。在解决了吃饭问题后，他又带领村民发展种养业，以增加村民的经济收入。

"一到下雨天，雨水把山上仅有的泥巴冲走了，山上连苞谷都种不了了。"看着随水流走的泥巴，李必兴心痛不已。"流走的土地"同样也成了何元亮的一个心病。他意识到，靠山吃山，吃山还需"养山"。1993 年，他自掏腰包到四川买来杜仲苗，并亲自抬着苗木分给群众，号召大家"养山"。大关人吃够了生态的苦头，何元亮的号召一呼百应，家家户户上山种树，中午也不下山吃饭。

2002 年，国家退耕还林政策开始在罗甸县实施，大关人以极大的热情投入到退耕还林中，以惊人的决心和毅力在岩石缝中播撒绿色。几年的时间，大关人把 25 度以上的山坡全部退耕还林。

除退耕还林外，大关人还积极参与珠江防护林工程、荒山造林等各项国家林业生态工程建设，20 余年的努力让大关从石漠变成了绿洲。目前，大关村现有林业资源 42845.4 亩，其中：国家公益林 28845.4 亩，地方公益林 5216 亩，天然商品林 8784 亩，森林覆盖率达 68％。

如何把青山变成"金山银山"，何元亮和大关人一直没有停止过探索。

2013 年，何元亮找到在边阳镇种植中药材的石文江，以流转山林资源的方式，在大关村发展林下经济——种植中药材，先后种下了 1000 余亩的铁皮石斛、博落回、岩黄连等。从早些年的天然商品林，到如今的树上种的铁皮石斛，石头缝里的岩黄连……大关村正在充分利用现有的森林资源发展林下经济。2020 年，大关村的总经济收入达 95 万元，辐射带动了当地村民 30 户种植创业，解决了 100 余人就业。

大关村 20 多年来，通过植树造林，精心管护造就的 4000 余亩森林，正在为大关人带来滚滚红利。

翻开大关村那段血与火浇铸的历史，一个个鲜活的故事跃于眼前。如今，大关村人吃不饱饭的日子已成为历史，但"自力更生、艰苦奋斗、坚韧不拔、苦干实干"的"大关精神"依旧激励着新一代大关村村民乃至更多的人积极进取、奋发拼搏。

面对一片赞扬和荣誉，何元亮总是说：作为一名共产党的村支部书记，这是他应该干的。

2014 年 6 月 20 日，"当代愚公"何元亮的人生永远地定格在了这一天。

从 1983 年到 2013 年，在担任罗甸县云干乡大关村党支部书记的 30 年间，何元亮带领大家苦干实干，最终积劳成疾，医治无效去世。2014 年 6 月，在生命的最后时刻，他对前来探望的新任村支书吴吉文说："我看不到愿望实现的那一天了，你要把担子接过去。"

"年薪"365斤苞谷的代课教师：李兹喜

李兹喜，汉族，1975年11月生，中国共产党党员，初中学历，罗甸县班仁乡（现合并到凤亭乡）金祥村油落小学代课教师，是30多个山里娃的"孩子王"。每年365斤苞谷的"薪水"，一拿就是11年。他在常人难以想象的清贫和寂寞中，坚守住三尺讲台，用自己的微薄之力，执着地支撑起了山里孩子对知识的渴望，将一批又一批山村娃娃送出大山，为贫困山区的教育事业默默奉献着自己的青春年华。2006年9月，获得了"贵州省十大杰出青年"荣誉称号，2008年荣获第十二届"中国青年五四奖章标兵"荣誉称号，2010年5月，荣获"全国劳动模范"荣誉称号。

一、邻村请来的"高才生"

金祥村，坐落在红水河与蒙江河汇合的双江口北岸的半坡上，距罗甸县城50余千米，距班仁乡（现合并到凤亭乡）政府所在地10余千米。这

◎ 李兹喜

里是全县最边远、最贫穷的村寨，没有路、没有水、没有田，2006 年才通了电。村民们以种苞谷和油桐为生，全村人一年到头吃苞谷饭，但就连这种纯是苞谷的苞谷饭，有的人家一年之中也要断粮好几个月。联通外界的只有那条蜿蜒于崇山峻岭间的羊肠小道。偶尔进村来的城里人编出打油诗形容金祥村恶劣的生存环境："金祥油落两座山，吃水要到芭蕉湾，春来不听田鸡叫，秋天不闻斗应山……爬了一梁又一梁，哭声喊断爹和娘。"从罗甸县城到金祥村，过去有两种走法：一是坐车，在山路上颠簸 3 个半小时；二是走水路，坐 3 个小时左右的船顺蒙江河到油落山脚下，再爬两个小时的山。

油落寨是金祥村最大的村寨，有 50 户人家共计 200 余人，油落小学是金祥村的村办小学。说是小学，其实只是两间坐落在半山腰上的小平房。一面国旗悬挂在学校门前用树干做成的旗杆上，被山野的风吹得猎猎作响。国旗是乡里送来的，尽管看起来有些旧，但仍然是村子里颜色最艳、飘得最高的标志物。房前近 5 米宽、10 米长的一块不规则的平地，又当路，又当操场，是学生的活动场所。两间狭小的教室一间放了 10 张课桌，另一间放了 9 张课桌。涂了黑漆的水泥砂浆黑板已经开始脱落，露出红砖。这两个教室是 2000 年县中医院和一些老板捐资 5000 元，由群众投工、投劳修建的。20 张课桌是罗甸县新华书店送来的，19 张学生用，1 张老师用。

在教室里面，有一间只有两平方米的"单间"，是李兹喜的卧室、厨房兼办公室。墙的一角，几块木板拼在一起，垫着一层稻草，一床黑色土布床单，那是李兹喜父子 3 人的床。

1990 年前，油落小学原有的一名教师，教了一年后，吃不了苦丢下 20 多个孩子离开了。直到 5 年后的 1995 年秋天，金祥村的村委会主任跑到家住班仁乡政府所在地的仁兴村的李兹喜家，找到了年仅 20 岁的李兹喜说："城里的老师嫌苦不愿来，我们村又没有有学问的人，你就去我们那里试试吧。"村委会主任找到李兹喜，是因为他刚初中毕业，是远近乡寨稀有的"高才生"，而李兹喜想，自己喜欢当老师，也得"找点儿活路"干，可以先教两个学期试试看。

李兹喜放弃了外出打工的机会，离开养育了他 20 年的父母以及兄弟姊妹，打起背包独自走进深山，在村里的一间由破草房搭成的"教室"里，当起了山里娃的"孩子王"，成为罗甸县班仁乡金祥村油落小学的一名代课教师，在闭塞的大山里，开始编织自己的教师梦。

多年过去了，李兹喜用自己的学识教着学校的孩子，他教过的学生有的正在上初中、高中，有的已经外出打工挣钱，可以为家里分忧了。他最大的期望就是让孩子们走出大山，不再重复着父辈们日出而作、日落而息的生活，而这个理想，他正在实现着。

二、"年薪" 365 斤苞谷

李兹喜初到油落小学教书时，没有教材，更没有教具。李兹喜找来各种形状的石块，教孩子们认"长方形""正方形"，再折一捆小树枝教孩子们加减乘除法，没有黑板就在墙上刷上黑漆。最初的教室是在油落组组长吴兴国家的茅草房里，屋内四处漏雨，三四个孩子挤坐在村民自己钉的板凳上上课。

当时的 37 名学生来自油落寨及邻近寨子，开设一年级至四年级共 4 个班，科任老师、班主任、校长都是他一个人。上课一个多月后的一天，村委会主任请李兹喜去参加村里的群众大会。会上，村委会主任难为情地对他说："兹喜，村里条件差你也看到了，开工资给你很难，只有学生一年凑 365 斤苞谷给你。"对于这微薄的"年薪"，李兹喜没有嫌弃，毅然坚守在学校为学生上课。

每个学生每学期交 30 元书本及学杂费，李兹喜得到的报酬，是这些钱购买课本后的剩余，再加一年 365 斤苞谷，由学生家长平摊。由于没有稻田，苞谷是当地人的主食。一般把苞谷粒碾成苞谷面后蒸着吃，大米要等到赶集日才能去乡里买，一般人家是没有的。在担任代课老师的前 10 年里，他每年的报酬就是学生家长们凑起来的 365 斤苞谷，按照当地市价，这份"年薪"不到 300 元。

村民穷困，大多交不起学费，就连每学期的几斤苞谷，有的家庭都交不出来。李兹喜想，节省一点吃吧，只要能勉强填饱肚子就行。一年 365 斤苞谷的"年薪"，李兹喜一拿就是 10 多年。

三、得想办法留住他

金祥村小学自 1990 年创办至 1995 年的 5 年间，上课的教师就换了 3 位。村民们生怕新来的李老师离开，为了留住李兹喜，便急着为他张罗对象。经过介绍，李兹喜认识了现在的妻子（金祥村姑娘陆小招）。这位山里姑娘觉得李兹喜能对孩子们好，也一定能对她好。一年后他们结婚生子。从此，李兹喜吃住都靠上了岳父岳母，他的工作得到岳父岳母的全力支持，

◎ 李兹喜在给学生上课

有了依靠，他把全部心思都放在了学校。

　　可是，因为村民实在穷困，大多交不起学费，有的就连每学期的几斤苞谷都交不出来，李兹喜几乎从来没有按时足额拿到过"工资"。单身时尚且有"过不去的时候"，而结婚后，李兹喜养家糊口的任务就更重了。

　　婚后，陆小招搬到班仁乡，独自耕种李兹喜家里的两亩多地，而李兹喜则留在村里，吃住靠上了岳父岳母。每个周末，李兹喜步行一两个小时，才能与妻子相聚。上不能侍奉父母，下不能荫妻教子，李兹喜总觉得愧疚。

每到寒暑假，他总是拼了命地帮妻子多干一些农活儿。即便这样，家里也时时窘困。

有一年陆小招生病，送进医院后，李兹喜一分钱也拿不出来，是父亲帮他付的 2000 元医药费；孩子生病了，母亲整夜守着，精心照顾；学校那群孩子没有本子了，是母亲掏出手帕，把里三层外三层包着的 10 元钱给了他；雨季来了，是父亲帮着妻子抢水打田……

李兹喜心酸地回忆，家里揭不开锅的时候，自己只能拿着编织口袋到处去借粮食。半夜里，5 岁的儿子李准常常饿醒，哭着说："爹，我要吃饭。"他只好把手指伸进孩子的嘴里，让他含着，拍着他的背，让他慢慢地睡去。

四、开口向学生"讨工资"

十几年教师生涯留给他的，虽然是一贫如洗的家境，但他一直坚守着，继续拿着手中的教鞭，在这小小的讲台上，塑造自己的平凡人生。他没有享受教师的待遇，却担负着中华民族最神圣也最艰巨的农村教育重任。

每天上午 10 点整，是山村学校的上课时间。"集合！"李兹喜大喊一声。一阵叽叽喳喳的骚乱过后，学生们按年级整齐地排成 4 排。李兹喜再做一个手势，队列立刻鸦雀无声。"向后转！"队列便 180 度大转弯，齐刷刷面对学校院坝旗杆上迎风飘扬的五星红旗。没有音响，升旗仪式只能在全体高唱的国歌声中进行。李兹喜和他的 37 个学生凝视着国旗，庄严地举起右手，唱起了国歌，鲜艳的国旗在朝阳中冉冉升起……

这也许是中国西部山村小学最简易的升旗仪式！在这个庄严的仪式

里，山里娃的歌声尽管有些跑调，但是谁又能说这不是大山里的天籁之音！

◎ 李兹喜在田间读书

升旗仪式后，李兹喜回到房间，提着一个空空的编织口袋走出来，对学生们说："同学们，老师从今天开始就没有苞谷吃了，按以往的惯例，要到学期快结束的时候才收'学费'。但是，因为上个学期有 10 多个同学没有交，所以，老师的粮食就不够吃了，你们回家问问大人，谁家有余粮，先交点来让老师吃吧。"一口气说完这段想了很久才说出来的话，李兹喜感觉自己的脸有些热，眼眶里有什么要流出来。

在讲这段话之前，李兹喜已经"预谋"了很久，也排练了很久。实在是没办法了，终于嗫嚅着开口向学生们"讨工资"。那是第一次，也是最后一次，李兹喜向学生们讨要自己的"工资"。

37 个孩子，静静地看着他，满脸的无奈。他们爱李老师，但他们帮不了李老师。"李老师，我回家去求求我爹，先分点粮食给你吃，我家里也不多了。"陆有长懂事地说。其余的孩子见班长这样说，也纷纷说要回家去问问家长要粮食。

下午 4 点半，李兹喜大声宣布放学了，孩子们从教室里鱼贯而出，在他倚门眺望的目光里，陆陆续续离开了学校。接下来，李兹喜吩咐女儿李选打扫一个教室，自己和儿子李准打扫另一个教室，把桌子整整齐齐地摆放好。

"李选，李准，公①给你们送粮食来了！"话音刚落，一个精瘦干练的老汉扛着口袋走进了教室。

"爹，你跑这么远的山路来干什么啊？""李吉（李兹喜乳名），爹算了一下，你的粮食恐怕早就吃完了，小招这几天在家忙着做活路，脱不开身，所以我就来了，别饿着我的两个孙子。"李兹喜老父亲喘着粗气说。扛着一袋粮食，走两个小时的山路，就是年轻力壮的小伙也吃不消，更别说一个52岁的人了。

李兹喜背过脸去，眼里的泪水就要掉了下来。作为男儿，这么多年来，不仅孝敬不了两个老人，还老是让他们牵挂着自己，真是不孝啊。

他心里清楚，要是没有家人的支持和帮助，自己早就撑不下去了。

五、有困难家里想办法

2005年8月6日，是县里规定的秋季开学时间。可是到了8月15日，学生的书费还没有收上来。没有钱，买不到课本，学校就无法按时开学。学生家长干着急，但最急的还是李兹喜，一连几个晚上他都难以入睡。挨到8月19日晚上，无法入睡的他打着手电筒，独自步行那条20多公里的山路回到家，敲开门后对妻子说的第一句话就是："把家里留着过年的那头猪杀了卖吧，拿一部分钱给孩子们买书！"

"我当时就不同意，我说你把猪卖了，两个小娃娃要不要过年？他说不杀猪我没有钱给学生买课本，当时他就流泪了。"陆小招说。

---

① 公，西南方言，即爷爷。

争执到最后，陆小招还是让步了，她知道丈夫决心已定，不可能再改变，只得眼泪汪汪地看着李兹喜用年猪换回 500 元钱，买回崭新的课本回到金祥村。

"你放心教书吧，家里有我们，有困难千万不要闷着，说出来我们想办法。"父亲李让权最疼爱儿子，他认定儿子的选择是对的，是在为山里的穷人做善事，是受人尊敬的工作。

有一年，李兹喜从岳父家里搬了出来。父亲很是不理解："你在岳父那里住得好好的，怎么说搬就搬啊，你看看，这里（学校的简易房间）要什么没什么。"

"在岳父家住当然好，但我每天放学后不帮着做点事又不好意思，做起来又影响工作。这个学期，我想用课余时间帮几个成绩差的学生补补课，然后还要家访，所以就搬了出来。"李兹喜憨厚地一笑，他告诉父亲，岳父知道他要搬出来的目的后，非常支持。

李兹喜搬家的事很快在村里传开，家长们都知道，李老师是为了有更多的时间教学生，但是从此以后他的生活更难了。从那天起，在教室的窗台上，经常会放着村民们给他送来的小菜，有时是一把葱，有时是一小把白菜，偶尔也会有一碗鸡汤，全是乡亲们热乎乎的心意。

六、每天下山给学生背水

最让李兹喜犯愁的还是学生喝水的问题。在金祥村，最苦的事是缺水。世居在此的人要么喝"望天水"，要么靠人背马驮从芭蕉湾运水回来。李兹喜没有马，他几乎每天都得靠双肩背回 50 斤水。每天清晨，当太阳随着鸡鸣犬吠爬上油落山的时候，李兹喜便将装水的白色胶桶放进背篼，出发了。

下山半个小时，上山得 1 个小时。背着 50 斤水，李兹喜依然可以轻快地避开路中间的牛粪和石块。胶桶的盖子早弄丢了，他得小心不让水溢出来。这些水，学生们要喝，他和儿子李准还要煮饭洗脸。

"李老师来了！李老师来了！"孩子们飞快地跑过来，帮李兹喜放下背上的水。那是两个白色的普通塑料水桶，学生们小心翼翼地放下来，轻轻放在地上。

"拿杯子来，排好队！"李兹喜从孩子们手里接过杯子，小心翼翼地将塑料桶里的水倒出来给学生喝。

"陆有长，你的杯子呢？"

"老师，我还不算渴，先给走远路来的同学喝吧！"三年级的班长陆有长最懂事，他知道，在他们这里，滴水贵如油。李老师每天天麻麻亮，就要走 1 个多小时的路程到山脚下排队等水，然后背到学校来给他们喝。有一次李老师刚背水回来，正好碰到由广西来的几个青年来到学校，毫不客气地用水洗脸、冲脚，几下就把一桶水用完了，搞得李老师哭笑不得，之后只好到农户家里去借水煮饭。

水太珍贵了，所以，不是渴得不行，他是不会喝水的。

学生们小心地喝着水，生怕洒落下一滴。

◉ 李兹喜为学生背水

七、他不是没有想过离开

2006 年刚开春的一天，和往常一样，李兹喜背着 50 斤水，沿着弯弯的山道，从山脚的芭蕉湾爬上来。在最后一道垭口，他放下背篼，站在开满粉红桐花的树下，迎着山野的风，朝着莽莽群山和山脚奔腾不息的红水河，扯起嗓子，用尽全身力气，大声叫喊着："啊嗬……"喊声在山谷里激荡。

"哎！这孩子，又犯难了。"在山腰上做活路的村民组长吴培光知道，不善言语的李老师心里苦闷的时候，就会这样发泄出来。11 年来，这山上的一草一木在李兹喜的"啊嗬"声中，枯了又荣，荣了又枯，生生不息，显现出强劲的生命力。

这次让李兹喜犯难的还是生计问题。从今天开始，他又断粮了。岳父岳母那里是再也不好意思去要，家里也有那么多张嘴等着吃饭呢。这个学期从岳父家里搬到学校住以后，他就暗下决心，再也不给岳父添负担。昨天晚上吃完了最后一顿学生交来的苞谷，接下来的日子怎么过？8 岁的女儿李选和 5 岁的儿子李准整天吵着没吃饱饭，一想到那两个孩子，心里就一阵紧紧地痛。刚刚步入而立之年的李兹喜，在心中总有一份愧疚。

2006 年，在广东打工的弟弟来了好几封信，说打工每月收入 1500 元，问他这样辛苦"到底图哪样"，劝他不要傻乎乎地再当这种"倒贴本"的老师了。到外面去打工，一年至少可以找回好几千元。这一次，李兹喜动摇了，甚至收拾好了行李，离开了学校，走出了村子。

李兹喜背着包向学生们道别，转身走上了回家的路。那是一个太阳明晃晃的上午，也是油桐花满山飘香的季节，李兹喜起了个大早，背起行囊一口气爬完出村的第一个长坡，他在心里不断给自己鼓劲："走出油落，一

◎ 李兹喜在给学生整理床铺

切都会好起来的。"在一个山垭口上，他回过头来，想再看一眼满山遍野的油桐花，那是李兹喜最喜欢的风景。

李兹喜前脚刚迈出门，教室里顿时乱成一团。村里大部分人都已经到坡上干活儿去了，只有三组组长陆友立还在家。他的女儿跑回家，哭着说李老师走了。

陆友立一听慌了，赶紧组织学生们去追，李兹喜已经走到梁上去了，学生们在后面边哭边喊边追，大家抱头哭成一团。

在山腰间，陆文雨、陆文扣、陆文格、陈念逢、王德梅的家长从桐花丛里冒出头来，气喘吁吁地说："李老师，孩子们都在教室里等你呢，你不回去，他们就没人教了……"

　　忆及当时情景，陆友立这个农家汉子几度哽咽难言："他说，我在这里过不下去了。我说，我们祖祖辈辈都在这里，我们苦在一起，只要你不走。你苦闷就找我说，没有菜了就到我家菜园子里摘，没有饭吃了就到我家来吃，你走了娃娃们怎么办？"

　　李兹喜心软了。当他背着行李回到学校时，教室门口早已站满了乡亲，有的家长拉着他的手说："回来就好，回来就好！今后我们尽量不欠'学费'了，不行就每家再加点。"李兹喜拒绝了，他清楚村民的收入。走进教室，孩子们齐刷刷地用敬畏和挽留的眼光看着他，整整齐齐地叫着："老师好！"那样的眼神，将他几天来努力树起的离开的决心一下击溃，他再也忍不住心里的委屈，当着学生们放声哭了出来。顿时，教室哭声一片。那个时候，他就在心底发誓，这辈子就甘心成为"村里最穷的人"。

　　李兹喜回到了学校后，再也没动过离开的念头。"我要是走了，自己会怎么样我不知道，但是娃娃们肯定是没书读了。"想到这些，李兹喜的心中又重竖起希望。但是吃饭终究是头等大事，他心里揣度：等会上课的时候，一定要再"厚"着脸皮对学生讲一次，看看谁家能先将这个学期的苞谷交上来。万一不行，就去挖野菜。但是他始终也没有开得了那个口。

　　一年又一年过去，无私奉献的李兹喜用知识抚育着孩子们，自从他当上代课老师后，在他的坚持下，这个村子里再也没有辍学的孩子。

八、"说到底还是自己基础不好"

　　早上9点多，学生们沿着山路三三两两地来了。由于居住地分散，最远的要走1个多小时才能到学校。

油落小学全校四个年级 37 个学生，比不上城里小学的一个班。一、二年级一间教室，三、四年级一间教室。两间狭小的教室，就是孩子们求知的殿堂。10 多年来，李兹喜既是学校里唯一的老师，又是学校的"校长""后勤主任""炊事员"，等等。他每天要上一至四年级的所有课程，上完一个年级的课就布置作业，又接着上另一个年级的课，忙得像个不停转动的陀螺，常常顾此失彼。给四年级讲课时，三年级的孩子盯着黑板发愣。上二年级的课时，一年级的学生就大声朗读。有时候下课了，他才发现一年级的孩子已经站在拼音图前不停地念了 1 个小时，原来他忘了让他们停下来。

2006 年后，三年级以上的学生都必须学英语，这超出了李兹喜的能力范围，孩子们只好转学到班仁乡中心学校去。

一下子撤了两个年级，李兹喜对此很怅然："要是我当初把英语学好就好了。"但他同时又很欣慰："我教四年级有时候都有些吃力，一些生词我也解释不通。他们转到中心学校肯定比在油落好。""说到底还是自己基础不太好。"这位憨厚寡言的教师总结道。

这天，二年级正在学一首小诗，李兹喜刚抄了三行，黑板就满了。他用口音浓重的普通话问："同学们抄好没有？我要擦掉了。"在课堂上，李兹喜坚持讲普通话，虽然他自己也分不太清楚平翘舌和前后鼻音。

最让他头疼的是音乐课和美术课。李兹喜不太会唱歌，翻来覆去也不过是"太阳当空照"等几首儿歌，可孩子们唱一次开心一次。他也不会画画。当地条件有限，孩子们只能用铅笔画一些平面图形。

2005 年雨季，操场上的木头篮球架被水泡坏后，孩子们就只剩下一个破足球可以踢了。最受欢迎的还是活动课。20 个孩子围成两个圈玩追逃游戏，又紧张又兴奋，尖叫着追逐，笑倒在地上。这时，站在一旁的李兹喜，脸上有平静的、满足的笑容。

李兹喜一直不能确定自己的身份是什么。当他听说教育部要逐步取消"代课教师"时，他没把这件事和自己联系起来。"我以为我是'黑户'，连'代课教师'都算不上。"

九、从"普六"到"两基"

四年级学生陆文礼近来学习成绩下降了，李兹喜决定去他家做一个家访。

陆文礼的家在离学校不远的山坡下，门前有一蓬吊竹。天渐渐暗了下来，林里的鸟"啾啾"鸣叫，空气中弥漫着粉红油桐花的清香，傍晚的小山寨显得安详静谧。李兹喜估摸着，这个时候，陆文礼的家人应该收工回家了。走进凹凸不平的院子，破败的房屋里发出幽暗浑浊的黄色灯光，一股呛鼻的烟味冲得李兹喜直咳嗽。

"李老师来了，快进家来坐坐。"陆文礼的父亲赶紧从黑黢黢的厨房里跑出来："李老师，真的太对不住你了，你看能不能再缓两个月，我们一定把欠的两个学期'学费'全交了。"陆文礼的父亲误会了他的来意。

"我不是来收'学费'的，我是来看看，你家陆文礼这段时间怎么搞的，学习成绩有点下降了。"李兹喜环视着四周，屋里连摆了两张床，一张床上躺着陆文礼病重的奶奶。陆文礼的父亲搓着手上的黑泥说："我妈病了十来天啦，我们要下地干活，只有叫文礼来照顾老人了，可能是这个原因吧，李老师，你放心，我们会尽量不耽误孩子的学习。"

"李老师，你去年教我们认的字，有好多都忘了，我还经常问我家文礼呢。"昏暗的灯光下，陆文礼的母亲一边剁猪食，一边插话。

从"普六"到"两基"，李兹喜承担着这个村的扫盲教育任务，以及文化户口核查登记和其他资料的整理工作。那个时候，一到晚上，他便打着手电筒挨家挨户动员扫盲对象到学校来参加培训，村民们互相邀约着，各自提着一盏煤油灯到学校上夜校，那段日子，李兹喜虽然忙碌、疲惫，但过得非常充实，也因此被乡民们爱戴着。

在贫困的山村里，乡亲们和李兹喜相互支撑，默默扶持。以孩子们幼小的心灵，实在无法理解"李老师没有工资领，还那么辛苦工作"的道理，他们说，最大的愿望就是"长大后做一名好领导，把李老师的工资涨得高高的！"

而李兹喜最大的心愿，是希望有更多的人来关心农村的老师和孩子们，希望山村的学校能有宽敞明亮的教室，孩子们不再上不起学，能在学校寄宿。当然他也希望自己这样的民办教师能转为公办教师，有稳定的工资收入，一家人能够吃饱饭，不要再成为年老父母的负担，好安安心心教学。

2005 年 10 月，罗甸县的"两基"终于通过了验收，李兹喜得到消息，同样感到高兴。毕竟这凝聚着他和乡亲们的心血。

十、爱心迎来希望

李兹喜一个人坚守在山区，把自己的青春热血献给山里孩子、献给乡村教育，以 365 斤苞谷为"年薪"，一人撑起一所学校的动人事迹经媒体报道后，得到了各方关注。"苞谷老师"的故事开始流传。

2005 年，《黔南日报》、《贵州都市报》、贵州电视台、新华网、中央电视台等媒体先后报道了李兹喜扎根山村教书育人的事迹。同年 12 月 9 日，李兹喜参加了黔南州青年志愿者先进事迹报告会。他在报告会上说："我当初选择代课是因生活逼迫，今天我决定办学，凭的是良心和责任，每天孩子们眼巴巴地看着我，左一声右一声地叫'老师'时，我不在意人家讲什么。无论如何，山里的孩子们需要我，山区农民脱贫致富，需要有知识的下一代……"话音未落，会场上响起了经久不息的掌声。

媒体的报道引起了有关领导和部门的重视，时任黔南州委书记林明达做出了"尽力帮助解决李老师和金祥村小学办学问题"的批示，并拿出自己的1000元钱捐给金祥村小学。黔南州教育局和罗甸县教育部门也派人到油落小学，落实了帮扶计划。罗甸县委、县政府召开专题会议研究，破格由乡政府资助，每月发给李兹喜300元的报酬。从2007年5月起，县财

◎ 李兹喜在宿舍给学生辅导作业

政又拨专款，每月给李兹喜发放 600 元的工资。在县里有关部门的支持下，金祥村的路修通了、电也通上了，农民吃水难题也解决了。

任教以来，李兹喜所办的油落小学共送出 160 多名学生，升学成绩同级同类学校相比排位靠前，在学校服务半径内没有一个学生辍学，巩固率 100%，全村 3 个组 144 户人家共计 607 人中，青壮年非文盲率达 96%。

付出超人的代价，才会有超人的收获。李兹喜的无私奉献，得到了各级组织的肯定和社会各界的赞扬。与荣誉一同到来的是外界的资助，2008 年 10 月 16 日，由香港慈恩基金会捐资修建的油落小学新教学楼举行了竣工典礼，李兹喜和他的"孩子们"搬进了宽敞明亮的新教室。

由于学历太低，李兹喜很难考取教师资格证，而这是如今转为公办教师的一道不可不跨越的门槛。而且，罗甸县是国家级贫困县，几乎不可能给仅有 20 名学生的村小学一个公办教师编制。但李兹喜很平静："这么多年来，我一直只知道好好教书，并没有期望自己的做法能为将来的生活改善什么。"

"如今国家政策好，学生们上学几乎不用花一分钱了，再也不用让大家凑苞谷了。"对于现在的状况，李兹喜发自内心地感激。他的奉献赢得了农民们发自内心的感激："碰上过节，谁家杀了猪，做了好菜，第一件事就是叫上李老师一起吃。"村民吴兴国说："山里人穷，这是我们为李老师能做的最大的好事。"

2004 年 9 月他被评为县级优秀教师；2005 年 12 月被评为黔南州优秀青年志愿者；2006 年 4 月获"联通杯"2005 都市年度人物提名奖；2006 年 5 月，黔南州委、州人民政府发出了向李兹喜同志学习的号召，全州乃至全省掀起了向李兹喜同志学习的热潮。2006 年 6 月被黔南州委组织部、黔南州教育局评为先进教育工作者。2006 年 8 月获得了"建州 50 年四大先进人物"之一荣誉称号；2006 年 9 月，获得了"贵州省十大杰出青年"荣誉称号，2007 年获"全国十大助人为乐模范"提名奖，2008 年荣获第十二届"中国青年五四奖章标兵"，2010 年获"全国劳动模范"荣誉称号。

二十多年的艰苦奋斗，李兹喜对获得的荣誉非常珍惜，他把它看成不断激励自己的鞭子。他每天信心十足、精力充沛地钻研教材，学习新的教育理念，进行课改，跟上时代步伐。为了他亲爱的学生，为了祖国和人民的教育事业，他决定身许教育一辈子！

"现在油落小学已经并入了班仁乡中心学校，离家远的孩子们都住进了宽敞的宿舍楼，而且都吃上了营养的早餐、热腾腾的午饭，变化很大。"李兹喜高兴地说。2011 年 10 月份，他正式转成工勤人员，在罗甸县班仁小学担任宿管员，同时承担学前班的教学任务。

村民感动地说，在李老师的无私奉献、在全社会的爱心关注下，孩子们的上学条件和李老师的工作条件得到较大幅度的改善，破败的油落小学，在坚守下有了希望，在希望中不断进步，油落的明天一定会更美好！

"我自己只有初中文化，知识上很欠缺。"李兹喜现在最大的心愿，是希望更多的人来关心农村的教育和农村的孩子们，也希望农村教师有更多的培训机会，能提升教学能力，让山里的孩子们掌握学习的方法。

信邦公司技术突破的"功臣"：罗谋

罗谋，男，布依族，1975年2月生，中国共产党党员，罗甸县沫阳镇董当村人，贵州信邦制药股份有限公司高级技师。1995年10月进入信邦制药公司工作。作为一线工人，他立足岗位工作实际，不怕苦不怕累，勤于思考，刻苦钻研，不断提升工作技能和综合素质；只争朝夕、真抓实干，为生产质量提升和新产品的工艺完善做出了贡献。2010年5月，荣获"全国劳动模范"荣誉称号。

一、入驻罗甸的制药公司

1995年1月，贵州信邦制药有限责任公司在罗甸县成立，注册资金108万元，收购了资产不足60余万元且即将倒闭的罗甸县制药厂。在县委、县政府的大力支持下，公司引进国药准字号"银杏叶片"新药的生产，在市场上一炮打响，"银杏叶片"成为药品市场上的宠儿。信邦制药公司投产不到半年，产品就覆盖了北京、上海、江苏、广东、湖北、湖南等16个省

市，实际生产产值 1200 万元，上交国家税收 180 余万元。1996 年实际销售
收入 5100 万元，上交国家税收 260 万元。1996 年夏天，信邦公司被贵州省
医药局列为"贵州省医药工业一三五工程重点企业"。可以说，信邦创造的
快速发展的"奇迹"，引发了贵州省各界人士的关注。

1996 年 7 月，贵州省人大常委会、贵州省政治协商组织 30 多名专家
对信邦制药有限责任公司进行了一次联合考察，得出的结论是：信邦经验
值得推广。具体表现为：一是信邦选择的项目符合贵州省产业政策，就是
开发利用本省丰富的中药材资源，加快制药工业发展，大力发展民营制药
企业。随后，银杏开发被贵州省委、省政府列为当时八大新兴支柱产业项
目之一。二是信邦的发展路子符合国家"八七扶贫攻坚计划"的要求，这
就为公司建立深厚根基、开拓大市场、干出大事业创造了有利条件。三是
开发银杏制剂产品，适应市场需求。银杏提取物治疗心脑血管疾病的科学
依据充足，疗效确切，是世界公认的高新科技新药，市场需求大，社会经
济效益好，为贵州省银杏资源优势转化为经济优势找到了一个切入点。时
任贵州省政协副主席的邱耀国在调研信邦后，激动地说："信邦公司计划
发展成超亿元的现代化大型制药企业，这个现实和愿景，带动了农民种植
银杏树的积极性，'九五'期间，罗甸县农村计划发展 5 万亩银杏，预计
农民收入将超过亿元以上。这项事业一旦变成事实，真可谓一件益县、利
厂、富民的好事。在一个贫困县走出这样的路子，在更大范围内就更具有
推广的价值，我们理应为此大声呐喊与喝彩！"

1997 年国家医药政策改革，制药企业必须通过国家 GMP（药品生产质
量管理规范）认证。要想通过 GMP 认证，硬件和软件建设需要大量的资
金，而不认证就只能等死。在这决定生死存亡的关键时期，在县委、县政
府的大力支持帮助下，通过多方融资 9870 万元，罗甸生产基地顺利开工建

设。通过 3 年的建设，片剂、胶囊剂、颗粒剂三条生产线通过国家 GMP 认证，2000 年实现产值 2 亿元，上缴税收 2600 万元。2008 年公司启动上市工作，在各级党委、政府和证监会的关心支持和帮助下，公司通过 3 年的不断努力创新改革，于 2010 年 4 月 16 日在深圳证券交易所成功挂牌上市，实现产值 5 亿元，上缴税收 6500 万元。2010 年上市融资启动罗甸生产基地扩建项目，在县委、县政府的大力支持下，公司通过 3 年建设，新生产基地通过新版国家 GMP 认证，生产能力为 20 亿元。2014 年完成与贵州科开医药公司的重大资产重组，2015 年完成与中肽生化有限公司的重大资产重组，2016 年集团公司实现营业收入 51.57 亿元，上缴税收 2.58 亿元，在罗甸县实现产值 8 亿元，上缴税收 1.07 亿元。通过两次重大资产重组后，公司已由单一的制药企业，发展成为一家集医疗服务、医药流通、制药工业为一体的全产业链企业集团。由公司控股的西藏誉曦创业投资有限公司，注册资本 16.67 亿，总资产 124.94 亿元，主要资产 64.43 亿元，下属 40 余家控股企业，员工近 6000 人，2018 年实现营业收入 68.19 亿元，上缴税收 3.58 亿元。目前，信邦制药公司注册资本 20.27 亿元，总资产 103.30 亿元，控股企业 39 家，员工近 6000 人。

信邦制药秉承"精诚至信、众志兴邦、健康民众、发展民生"的企业理念，践行"诚信合作、求实创新、追求结果"的核心价值观，公司坚持诚信经营和创新发展，公司被评为全国守合同重信用单位、贵州省守合同重信用企业、中国医药制造工业百强、中国医药行业成长五十强企业，享有国家驰名商标，贵州省著名商标，多次荣获贵州省名牌产品，并入选贵州企业 100 强、贵州民营企业 100 强。在中国上市公司口碑榜中多次被评为"最具成长性上市公司"和"最佳商业模式上市公司"，获得华夏高科技产业创新奖、国家级高新技术企业奖、贵州省高新技术企业奖。拥有"最佳董秘"称号。2014 和 2015 年分别被评选为"中国中小板最具成长性上市公司十强"和"中国最具投资价值医药上市公司 10 强"，2018 年被评为"中华民族医药百强品牌企业"和"中华民族医药百强品牌企业"，2020 年被评为"大健康产业最具成长上市企业"。享有"国家扶贫龙头企业"称号，并连续被评选为"中国工业行业履行社会责任五星级企业""贵州省履行社会责任五星级企业"。2016 年贵州省总工会授予信邦集团"贵州省五一劳动奖状"，2019 年获得"中国红十字奉献奖章"，2020 年成为"第八批全国民族团结进步示范单位"，2021 年获得"资本市场服务贵州脱贫攻坚贡献奖"。

信邦制药的持续稳定发展离不开高素质的员工队伍。作为现代企业，要有现代人才。信邦极为重视人才战略，倡导"共同发展、和谐双赢"的人才理念，重视员工的成长与发展。信邦创立初期，时任公司董事长兼总经理的张观福深知劳动者的素质直接影响到企业的生存和发展。因此，他非常重视企业员工队伍整体素质的提升。1997 年 10 月，全公司 168 人，其中大专以上文化的就有 42 人，高、初级专业人员 70 多人。其中，就包括进入公司不久的罗谋。

二、初入信邦崭露头角

罗谋出生在黔南州罗甸县董当乡一个普通的布依族人家。1995 年 6 月从黔南州卫生学校药剂专业毕业后，于 1995 年 7 月在贵州神奇制药厂任职，1996 年 10 月进入贵州信邦制药股份有限公司工作。

之所以选择离开贵阳，回到家乡罗甸，因为罗谋一心想为家乡建设贡献力量。因此，当得知家乡罗甸新建的贵州信邦制药有限责任公司招聘员

◎ 罗谋

工时，他毅然放弃在省城贵阳拿高薪的制药岗位，打好背包，带着满腔热血奔赴罗甸，进入信邦制药公司工作。回到家乡的怀抱，罗谋如鱼得水，尽情地在制药天地里施展才华，并取得了优异的成绩。

初进信邦制药公司，因为专业对口，罗谋被分在颗粒制剂班，从事制粒工作。为了尽快上手工作，他主动向技术员和专家学习，积极阅读大量专业书籍，长达 200 万字的《实用GMP 培训教程》被他翻烂了，《生产部通用SOP 培训资料》和《一步制粒岗位标准操作规程》也被他熟记于心。凭借肯下苦功夫钻研的精神，罗谋当上了颗粒制剂车间班组长、高级技工。

罗谋所在的制粒班组是一个工作特别繁重且对工艺要求十分严格的工序部门。一片药粒多于或者少于 1 毫克，都将严重影响药品流入市场，甚至可能会导致上亿元资产的企业破产关闭。一台台的制药机器，一袋袋、一箱箱标准的物料，每个投料过程必须按照操作规程，每一次的记录必须详尽准确，每种产品的制作温度、干燥度、硬度以及各种工艺过程都必须准确无误。工作中，作为班长的罗谋，长期坚守一线，他深知自己肩负重大责任，认真观察、研究、思考、分析每一次的制粒过程，对于每一次颗粒制剂操作规程中的温度、干燥度、硬度等，都认真记录。

罗谋凭着对制药专业的爱好和特殊的感情，一心扑在工作上，仔细研究制粒的过程，以及生产中出现的各种问题，认真地思考如何能生产更多高质量的产品。他不怕苦、不怕累，勤于思考，刻苦钻研，经常和车间技术人员一起探讨生产过程中遇到的质量问题，且不断翻阅专业的制药书籍，从中学习更多的先进经验和理论，并用于实践生产中，取得了很好的效果。制药行业来不得半点虚假，要求生产出的产品必须百分之百合格，罗谋一贯要求全班组员工必须树立一丝不苟的工作作风和敬业精神。他积极在班组内开展"传、帮、带"活动，促进员工生产技术的共同提高，尤其注重新员工的培养和成长。罗谋认真仔细，与人为善，对自己带的新员工严格要求，在实际工作中培养他们刻苦钻研、精益求精的精神。经罗谋带出来的员工，大多技术过硬，且作风正派，能吃苦。他培养的很多员工还当上了其他班组的组长，而且都干得十分出色。由于罗谋工作成绩突出，1999年荣获信邦制药公司"先进个人"称号，2002年获得信邦制药公司"先进工作者"称号，2005年被评为"贵州省劳动模范"，2006年荣获信邦制药公司"先进个人"称号，2010年被评为"全国劳动模范"。这一个个荣誉的背后，无不凝聚着罗谋在工作中付出的不懈努力和辛勤的汗水。正如罗谋自己所说："制粒岗位是我的事业，是我发挥专业所长的舞台。我一定会坚守岗位，争取做出更大的贡献。"

三、带领班组攻坚克难

进入信邦制药公司工作的20多年时间里，罗谋带领班组员工锐意进取，齐心协力，攻坚克难，为公司发展做出了突出贡献。

信邦公司"布洛芬缓释胶囊"的成功生产，凝聚了以罗谋为代表的制粒班组员工的极大心血和无私奉献。罗谋经常加班加点，查看资料，研究机器设备原理，深入研究相关问题。他带领制粒班组全体员工花了半年时间，一次不成功，又试验第二次、第三次……有一种不达目的誓不罢休的决心，经历 63 次试验，最终取得了成功。2001 年 10 月，信邦制药公司生产出了第一批合格的布洛芬缓释胶囊。这一年，罗谋被评为信邦公司"先进工作者"，并获得"出国游"奖励，可谓实至名归。罗谋直接参与和推动了信邦制药公司拳头产品"银杏叶片"的质量提升工作。2003 年 2 月，国家药监局要求"银杏叶片"制粒标准从地方标准提高到国家标准，各种参数的改变，意味着对药品质量提出了更高的要求。面对创新压力，罗谋主动请缨，参与到改变参数、提升质量和药品崩解时限等课题研究和实验中来。通过近一个月 20 次的反复试验，探索出调整风湿设置、喷液时物料温度、内喷液频率等多项技术，终于完成了"银杏叶片"中间体工艺的探索。

2005 年，罗谋参与信邦制药公司新产品的工艺完善。信邦制药公司引进的产品多数是颗粒剂，最关键的工序就是制粒。刚投入生产时，6 个员工每天工作 8 小时，最多能制 160 千克颗粒。罗谋利用自己所学知识，通过整合制粒设备，调整黏合剂浓度、调节干燥温度等措施，使得制粒效率提高了两三倍，最终满足了生产要求。

2007 年，罗谋带领制粒班组参与车间产品技术改造。由于公司生产的护肝宁片制粒硬度不够，容易产生裂片，从而导致片面不够光泽，达不到质量要求。质量不达标，大家都在疑惑是设备问题还是工艺问题？同时公司也面临两难处境，一边是市场催货紧，生产任务繁重，一边是产品质量不合格，需要时间进一步提升质量。该如何做出抉择呢？罗谋和技术员一起协商，一致认为就算加班加点、再苦再累也绝不能让不合格的产品出厂。他一方面仔细研究设备问题，寻找改进措施，另一方面和技术员积极讨论研究，发现原来是干燥度不够，设备卡度不够造成的。经过 5 天 5 夜数次改进和试验，最终找到解决问题的办法，产品达到了质量要求。

为了进一步完善并稳定信邦制药公司产品的工艺，2008 年公司对现有的片剂和颗粒剂都分别提出更高的要求：片剂要求崩解时限从原来的 35 分钟左右缩短到 25 分钟左右；颗粒剂提高一次成品率，同时做到色泽均匀。这些要求看上去简单，实际操作起来难度却很大，而且技术提升工作主要集中在罗谋所在的制粒岗位上。为了推动公司的进一步发展，为了不辜负领导的信任，也为了完成自己肩负的使命，罗谋通过以前的加速试验和对所用的原辅料的选型，以及原辅料生产工艺等多方面的数据分析，终于找到了一套解决方案。为了不影响正常生产，他向部门领导提交了自己的解决方案，在得到领导批准后，带领制粒班组员工认真收集每一个数据，不放过任何一个细节，通过近 3 个月的时间，历经 20 余次试验，最终完成了公司的要求，使公司产品质量得到了大幅提升。

2009 年，公司试生产的新药"调经养颜片"出现严重裂片，亟须进一步改进技术，提升产品质量。罗谋通过查阅大量资料，根据多年的实践经验，仔细研究，不断摸索，通过整合制粒设备，调整黏合剂浓度、调节干燥温度等措施解决了"调经养颜片"的裂片问题，得到了公司上下一致好评。

四、积极捐资助学回报社会

2010 年 4 月，罗谋受邀进京参加全国劳动模范和先进工作者表彰大会，在这次大会上，他获得了"全国劳动模范"称号。对此，罗谋在一次新闻采访时说："在公司的领导下，我脚踏实地工作，默默奉献，服从公司安排，和同事相处融洽，因为领导、同事的关心和帮助，才让我取得了这

◉ 罗谋捐助贫困学生现场

些成绩。我只是比其他同事幸运一点，接触制粒的时间比其他同事长一点，有机会专注制粒，提升产品质量。在生产技术员的指导下，和同事抓好生产，为公司做强做大贡献自己的一分力量。"

罗谋不仅荣获"全国劳动模范"称号，还获得了 1 万元的奖金。对于月工资不过 1300 多元的他来说，这笔奖金是他 8 个月的工资，他可以用这笔钱给老人买穿的、吃的，给妻子买首饰，给孩子买玩具。然而，罗谋却说"全国劳模"这个荣誉不仅仅是他个人的，更是公司的，是全县人民的荣誉。在和家人商量之后，他决定用这笔奖金帮助更需要帮助的人。在得知罗谋的想法后，时任中共罗甸县委办公室副主任王世昌向他介绍了当时正在罗甸县民族中学就读的贫苦学生岑辉梨、岑辉布姐妹俩。当得知小姐妹俩自幼丧母，父亲患病，长期靠慈善救济和民政福利生活，但仍坚持就学且成绩优异的事迹后，罗谋立马决定用这笔奖金帮助岑辉梨、岑辉布姐妹俩完成学业。就这样，罗谋走进了他昔日的母校——罗甸县民族中学，找到了岑辉梨姐妹俩。罗谋送来的 1 万元钱，对于窘迫的姐妹俩来说真是雪中送炭。正在为大学学费犯愁，犹豫着要不要去上学的姐姐岑辉梨向为她们送来希望的罗谋深深地鞠了 90 度的躬，泪流满面地说："叔叔，您不是亲人，胜似亲人。"看到姐姐有了可以上大学的学费，妹妹岑辉布偷偷地躲在教室的窗外哭红了眼。看到这一幕，接近不惑之年的罗谋也忍不住落下泪来。他对两姐妹说，自己也是从贫困家庭走出来的孩子，知道贫穷人家的孩子求学不容易，希望姐妹俩用这 1 万元钱继续学习，将来成为对社会有用的人。

罗谋出身贫寒，他一直保持着艰苦朴素、勤俭节约的优良作风。自从参加工作以来，他一直住在厂区宿舍，注重团结互助，关心爱护他人，班组里有什么困难或需要帮助的时候，罗谋总是冲在最前面。2008年，罗谋一家荣获"罗甸县平安家庭"荣誉称号。

五、领衔"罗谋劳模创新工作室"

2012年4月，罗谋加入了中国共产党。为更好地发挥劳动模范的示范引领作用，2016年，贵州信邦制药有限公司"罗谋劳模创新工作室"挂牌成立。劳模创新工作室，是弘扬新时代劳模精神，发挥劳模和高技能人才的示范带动作用，培养新时代技术人才的重要手段。2017年对"罗谋劳模创新工作室"进行了升级打造，以大力弘扬劳模精神，营造精益求精的敬业风气。

在信邦制药公司的20多年里，罗谋带领班组员工不辞劳苦、不计个人得失、兢兢业业投入生产，所在班组从未出现过一次质量事故和安全事故，通过不断学习与实践总结，使自己的工作技能特别是综合素质有了进一步提升。罗谋踏实认真的工作态度，勤勤恳恳的工作作风，强烈

◎ 罗谋(左一)

的主人翁责任感、团队精神，带动和影响了班组员工，提高了大家工作的自觉性、主动性，保证了产品质量，也为生产的顺利进行提供了保证。同时，罗谋也从一名普通员工成长为高级技师，"罗谋劳模创新工作室"领衔人。罗谋用 20 多年的执着，践行创新，成为企业员工学习的榜样。

在中国共产党成立 100 周年之际，作为一名党员，并且已经成长为信邦制药公司高级技师的罗谋表示："中国共产党的百年历史，是为中华民族的独立、解放、繁荣，为中国人民的自由、民主、幸福而不懈奋斗的历史。当 100 响礼炮在天安门上空响起，我早已热泪盈眶。在今后的工作中，我将立足本职工作岗位，不断将理论与实践相结合，使自己的工作技能和综合素质进一步提高，不忘初心、牢记使命、只争朝夕、真抓实干，为企业发展贡献自己的智慧和力量。"

具有"石头"脾气的致富能手：汪财发

汪财发，男，汉族，1963 年 3 月生，中国共产党党员，贵州省罗甸县沫阳镇东跃村人。1996 年任东跃村主任助理，1997 年当选东跃村委会主任，2000 年至 2013 年为东跃村党支部书记。在带领群众脱贫致富的进程中，他仅用两年时间，就完成坡改梯 600 亩，解决了全村人的吃饭问题。2001 年至 2004 年，他积极争取项目，在全村修起了 800 多口小水窖，结束了全村人到几公里外挑水吃的历史。因带领村民脱贫致富工作成绩突出，2005 年 4 月，汪财发荣获"全国劳动模范"荣誉称号。

一、从东跃村的变化说起

红河水畔，麻山腹地，地处黔桂交界处的罗甸县，是贵州南下的通道要塞，由于自然条件恶劣、交通信息闭塞，一度被列为国家扶贫开发重点县及贵州省"14 ＋ 2"深度贫困县。而汪财发所在的沫阳镇东跃村位于罗甸县及沫阳镇政府驻地东北部，距罗甸县城 38 公里、距沫阳镇政府驻地

◎ 汪财发

25 公里。该村辖 8 个村民组 9 个自然寨（董主、拉达、打外、抹跃、抹裳、东落坨、岜西、毛坡、金家坨）。全村国土面积 19.6 平方公里，其中，水田面积 454 亩，旱地面积 862 亩，林地面积 23703.15 亩。村境内以喀斯特地貌为主，土地瘦薄、水源稀缺，主要以种植水稻、玉米、黄豆等作物为主，经济结构较为单一，村民主要经济收入靠外出务工，主要务工地点在江苏、浙江等地。目前全村总共 305 户 1360 人，截至 2020 年，全村建档立卡贫困户全部"清零"，东跃村正式向贫困告别。

而在此之前，东跃村因贫困、混乱而出"名"。村民生活在典型的喀斯特山区里，土层薄，种植粮食困难，一年下来庄稼收成甚微。自然条件差，群众思想意识落后，"两委"班子涣散，各种原因导致了东跃村长期处于贫困状态。到 1998 年时，乡里其他村子都吃上了白米饭，只有东跃村还在吃玉米饭。

在向贫困斗争的征程中，在各级各部门的大力支持和党委政府的正确领导下，一代又一代的罗甸人苦干实干、接续奋斗，用最原始的工具在石头上开垦了千余亩"保灌良田"，在山腹中凿通了"环村公路""麻怀隧道"，创造了一个个人间奇迹，是"大关精神"和"麻怀干劲"的生动体现。汪财发就是具有这种"精神"与"干劲"的典型代表人物之一。

汪财发在担任村干部期间，为解决东跃村交通不便的问题，他动员全村村民克服无资金的困难，投工投劳，用1年时间完成了连通7个村名组，长11.8公里，宽3.5米的环村公路，第二年完成了冗乓、冗基两个村名组的异地移民搬迁工作。同时，带领群众利用荒山进行坡改梯600余亩、修建水池水窖800多口，大体上完成饮水灌溉工程，解决了群众的吃饭问题，并带领群众利用资源种植花椒1200余亩，花椒一度成为东跃村的支柱产业。2013年底，因父亲及妻子病重，汪财发主动辞去村支书职位。但汪财发一直在积极支持村两委工作。同时，他积极谋划产业发展，2015年成立了"罗甸县财发生态种养殖专业合作社"，合作社社员，涵盖周边村农户132户。作为全国劳动模范，汪财发在脱贫攻坚关键时间点，再次发力，

◉ 汪财发所获荣誉

带民增收致富，成为沫阳镇脱贫攻坚工作的一面旗帜。

在汪财发家的堂屋里，各级各类奖状几乎挂满一面墙，包括省级"关心下一代先进工作者""尊师重教特别贡献奖"，县级"优秀共产党员"等荣誉称号。因为他对家乡的突出贡献，2005 年 4 月，汪财发获得"全国劳动模范"称号。而这个称号后面承载的则是他多年来为家乡发展的无私奉献以及带领家乡人民脱贫致富的奋斗历程。

二、农民的儿子

汪财发的父亲汪友明生于 1931 年，从小给地主打长工，生活十分穷苦。1949 年，汪友明 18 岁。一天，他在山上放牛，遇到一支穿着布衣草鞋的队伍，一位浓眉大眼的首长请他带路，并告诉汪友明，他们是解放军第 16 军，是为解放罗甸贫苦人民而来的。

汪友明听了十分激动，马上请求参加解放军。后来，放牛娃汪友明换上军装，扛起步枪，成了一名解放军战士。他对当地地形了如指掌，很快成了优秀的侦察兵，领着解放军肃清了盘踞在罗甸、望谟、册亨等地区的国民党残余部队。1951 年 3 月 23 日，罗甸解放。汪友明胸口系着大红花，走在队伍前面，脸上洋溢着胜利的笑容。同一年，解放军第 16 军奉命离黔北上，参加抗美援朝。

经过艰苦的战争，中国取得抗美援朝的胜利。1958 年，汪友明从朝鲜战场凯旋，他谢绝了政府安置，依然回到罗甸务农："我是农民子弟，没有文化，除了打仗和务农，啥也不会，干吗要给政府添麻烦？"

经人介绍，汪友明与董架乡一位拖着 6 个孩子的吴姓女子结为夫妻。

为照顾子女，汪友明入赘妻子所在的董架乡东跃村。1963 年，汪友明又添了一个儿子，他给儿子起名叫汪财发。

三、岩山汉子回家乡

东跃村，还有一个名字叫岩石村，顾名思义就是坐落在石山上的村庄，全村 9 个村民组全部都在典型的喀斯特石山里刨食求生，当地的主要粮食作物是玉米，村民生活十分艰难。汪财发对这段岁月的记忆非常深刻，他说："小时候，家里穷，一年到头几乎都是吃苞谷饭。""乡里专门准备了一个粮仓给我们村装苞谷。"2000 年以前，当时董架乡别的村寨都以稻谷或现金上交农业税了，东跃村却年年交苞谷，为此他感叹道："抬不起头啊！"这种苦难与窘迫的生存环境却造就汪财发不服输、不认命，立志改变家乡的心气儿与决心。

汪财发的父亲是从外村落户东跃村的，家里孩子多，几乎没有收入，在孩子们童年的记忆中，最深刻的印象就是"穷"。而汪财发个子小，脾气倔，人们说他是"石头"脾气，从小没有少受"白眼"。俗话说，穷则思变。具有"石头"脾气的汪财发，从小就立志要拔掉"穷根"，出人头地。

1979 年汪财发初中毕业。在家务农一年后，守着石山，看不到希望的汪财发开始向外寻找生机。起初，他在当地"赶乡场"，做起了贩卖牛马和杀猪的生意，其后，他到广西打工。由于生性仗义、大方，汪财发结识了很多朋友，并在当地逐渐"小有名气"。1987 年，广西壮族自治区天峨县三普乡（靠近罗甸）被发现有锡矿，罗甸许多人都前去"淘金"，汪财发也加入了这支队伍。由于头脑灵活，又能吃苦，不到一年的时间，他便挣了两万多元，随后回到东跃村，成为当地首屈一指的"万元户"。致富后的汪财发不忘带动和扶持周边的村民，渐渐在当地有了"名望"，得到村民们的尊重。成家后，很快女儿出生了，为了照顾家庭，他在家务农3年。到了1991年，担心"坐吃山空"的汪财发又开始外出到两广一带务工，他的务实肯干，吃苦耐劳，很快就得到了老板赏识，从而得以在当地站稳脚跟。这一次，他仍然没有忘记家乡，他开始回乡组织带领本村及周边村寨农民工前去进厂务工，就这样，他渐渐成为农民工的"领头羊"。能凭己力帮助村民，汪财发很高兴。多年后，他还回忆道：那时在他带动下进城务工的村民不少，最高时候有120余人，每人每月都有近500元的务工收入。在他的带领下，外出务工的村民，现在有一部分已经当上了"老板"。

由于汪财发有10余年的外出打拼经验，加上他致富时不忘带动村民，在当地的威望越来越高。1995年底，因老父亲在家务农时不小心摔断了腿，加上妻子又患了重病，汪财发回到家乡照顾家人。当时，因为穷，农户居住分散，不通公路，东跃村村委工作开展难度大，得知汪财发回家后，老村长（村主任）带着几个村民去家里动员他，希望他留下来带领大家一起致富。望着老支书和村民们期盼的目光，想想自己的家庭也需要照顾，汪财发便决定留下来。1996年，汪财发担任村主任助理，1997年被选为村委会主任，并于1999年加入中国共产党，2000年组织委派其为东跃村村支部书记。

四、好日子是"干"出来的

"父老乡亲信任我，组织信任我，我就要干出点名堂来。"从一个普通的村民到干了近20年的村干部，汪财发想得最多的是，干事情，就要全身心投入，就要干出一番成绩来。

20世纪90年代，罗甸县云干乡大关村村支书何元亮带领村民"劈石造田"，在普遍认为该地"不具备生存条件"的石漠化环境里硬是造出了千亩田，解决村民温饱问题的事迹在罗甸县家喻户晓，激励和鼓舞着一代代罗甸人，并内化为一种沉淀在罗甸人血脉里的"大关精神"，汪财发骨子里也具有这特殊的精神气质。所以，在担任村干部后，汪财发决定要向困难宣战，而摆在村民们面前的"三座大山"：吃饭问题、交通问题和教育问题是汪财发立志要解决的问题。而解决这些问题，必须"干"字当头。汪财发说干就干。

五、修公路解决出行问题

罗甸县东跃村地处麻山腹地，1999年以前，这是一个出了名的贫困村，如今东跃村面貌焕然一新，成为农村经济发展的榜样村。东跃村的变迁离不开汪财发和他领导的党支部的苦干实干。这里几乎没有任何经济来源，当周边的村庄都吃上白米饭的时候，东跃村人吃的是"玉米饭"，这让汪财发心里很不好受，村民即使养肥一头猪，也没办法拿到市场上去交易，因为不仅路远而且难走。尤其是东跃村的冗乒组，村民到乡政府所在地去赶集，往返几乎要花上一天的时间。汪财发就任村党支部书记后与新一届的班子成员齐心协力，下决心要让村子的面貌彻底改观。发财致富，首先要有方便的交通。于是，汪财发带领全村群众向贫困宣战的第一件事，便是修建环村公路，并以此作为摆脱贫困的突破口。

环村公路的修建并非易事，经历了一个曲折的过程。这里全是山区，有些地方开路要从悬崖绝壁上过。据当时交通部门预算，修建连通附近七个村组的环村公路，共有 11.8 公里长，至少需要 140 多万人民币，对于一穷二白的东跃人来说，这简直是天文数字。所以，修路最大的阻力首先来自村民们的反对，他们认为，在这么穷的地方修一条路，简直是异想天开。但党支部认为要想富先修路，坚持要修，特别是汪财发，几经思量，东跃村 9 个村民组，由于较为分散，无法一下解决，于是他决定先连通七个较近的村民组，另外的冗乒、冗基两个村民组，因太远，耗资耗力太大，可以采取移民搬迁的方式来解决。主意拿定后，围绕修路，他先后召开多次群众大会进行讨论，然而村民们仍然反对。大家认为工程太大，不但路修不好，一旦人力、物力、财力全部投入进去，可能让大家变得更穷。面对这样的疑虑，汪财发的"石头"脾气来了，他没有气馁，而是不停地给村民们做思想工作，终于说动了群众，修路得以开工。然而，"头"虽起了，但这并非一朝一夕之功，由于路线太长，条件太艰苦，村民们干了一阵后就没有了积极性，开始有人旷工，导致工程不得不停下来。为了解决这种问题，村里开始制订规章制度以保证工程顺利推进。这些规定包括不出工出力者，将处以罚款等村规民约，其间确有人时不时违规，汪财发都铁面无私地一视同仁，即使是自己的胞兄违规，也受

◉ 汪财发给领导汇报工作

同样的处罚。他的严格规定让村民们又恨又怕，所以免不了招来埋怨，甚至有人扬言"要在晚上搞死他"，以至于有一段时间汪财发不敢夜里出门，这让他非常难过，甚至有些懊恼，觉得自己是在自找苦吃，修路本是为全村人着想，又不是为自己一个人，犯不着那么动真格，还得罪人。但他又想，工程已经开始，坚持要修路的是大多数，而想放弃的毕竟是少数，绝不能因为少数人的反对而放弃。修环村公路是新一届村党支部成立后干的第一件大事，如果这一件事干不好、拿不下，那么何谈支部的凝聚力和战斗力！所以，他决定不管千难万难，一定要把路修好。

　　然而，就在这个关键时候，一件事情扭转了村民的认知。一个名叫吴胜华的村民，在修建公路时，由于山坡塌方，他为救村民不幸被石头砸中，在村民们手忙脚乱地把他抬去医院的过程中，由于山路太远太难走，耽误了时间，吴胜华在半路就不幸离世了。这件事对村民们的触动很大，他们一方面被吴胜华舍己救人的精神所感动，另一方面也意识到交通不便所带来的损失是何其惨重，当时即使没有车，只要路好走些，走得快些，吴胜华也能被抢救过来。这件意外事件发生后，村民们的认识彻底转变了，发誓要把路修好，于是空前团结起来，干劲大增。这个事迹后来传到了州里、县里，州县的各级领导们纷纷到村里来看望和鼓励他们。省计划委员会知道了这件感人的事迹后，迅速拨了10万元的专款支持东跃村继续修路。汪财发所带领的党支部和村民就是用这10万元钱，经过一年多的时间，修好了原预算要140万元的盘山环村公路，创造了一个奇迹。修路的同时，汪财发还结合国家退耕还林政策，带领群众利用荒山资源种植花椒1200余亩，花椒一度成为东跃村的支柱产业，为东跃村民带来了经济收益。

六、三大工程解民困

东跃环村公路修通后，给东跃人带来了前所未有的机遇和信心。东跃村党支部决定趁热打铁，开展三大工程：坡改梯、人畜饮水灌溉、移民搬迁。首先着手的就是"刨"地要粮的"坡改梯"工程。

"坡改梯"，解决吃饭问题。

"民以食为天"。为解决吃饭问题，上任之初，汪财发带领村民代表到大关村考察学习"劈石造田"经验，看着自然条件比东跃村还恶劣的大关村做出的成绩，东跃村的人坐不住了。在汪财发的带动下，结合当时政府项目利用荒山进行"坡改梯"。

"坡改梯"不同于修路。对于依靠土地而生存的农民而言，这个见效更快更直接，不少农民都赞同。然而，一落到实践，要让没有多少见识的农民出钱出力时，他们或是因为拿不出钱，或是为解决眼前的温饱而疲于奔命，要让他们在巨石山中辟出地来，而且是自己出资金，困难很大。这一次汪财发没有强迫群众去干，而是想出来另一条路子，这就是充分发挥党员和干部的带头作用。他把全村 35 名党员和 5 名村组干部集中起来，给他们讲道理，做工作，让他们率先垂范，先干起来。由于党员和干部觉悟要高于普通群众，况且开出的田归自己所用，他们很快就带领着家人干了起来。这其间的种种艰辛，无法几语道尽，但人民是历史的创造者，他们没有被困难吓倒，而是想方设法解决困难。山区搞坡改土，工程量之大，可想而知，山石太多，没有钱买炸药，他们有的则在山上用铁锅土法制作炸药；有的则用火把岩石烧烫，然后用冷水淋，使石块炸开，一点点清理石块，一点点回填泥土。就是用这样的办法，一年的时间，35 名党员和 5 名村干部共同完成坡改梯 130 亩，其中一部分还变成了稻田。党员和干部的示范作用，在群众中引起了很大的反响，人们看到了希望，开始放下种种顾虑，纷纷加入这一工程中来。一路艰辛，从 2000 年底到 2002 年初，全村一共实现了坡改梯 600 多亩，其中有 400 亩成为稻田，解决了全村 300 多户 1100 余人的吃饭问题，正式告别了吃"玉米饭"的历史。东跃村由此成为董架乡坡改梯力度最大的一个村。

修水窖，解决饮水问题。

解决了吃饭问题，紧接而来，汪财发要解决的是东跃村的人畜饮水问题。这里是典型的喀斯特山区，土地的渗透性很强，一下雨，满地是水，但雨一停，则水立马消失，所以在东跃，真的是"滴水贵如油"。关于水，东跃人有太多痛苦的记忆。在没有修路之前，9 个村民组中，大部分人吃水都要到很远的地方去挑，特别是冗乒村民组，住在高高的山坡上，吃水要到山脚下的另一个乡去挑，往返山路崎岖，一个来回得两个多小时，路又特别难走。从冗乒组搬到公路边去住的一个女村民，想起当年挑水的情景，又是哭，又是笑，她回忆道：有一次她去挑水，花了两个多小时，气喘吁吁眼看就要到家了，谁知一不小心被脚下的藤蔓绊倒，摔了一跤，两桶水倒了个精光，她一屁股坐在地上号啕大哭起来，"就像死了儿子一样伤心"，末了还得含着泪站起来再去挑。这是一个严重影响群众生活的大难题。为了解决这个问题，汪财发带领党支部，并在村民的配合下，开始了兴修水利工程。最终修建水池水窖 800 多口，能够储水 1500 立方米，完成饮水灌溉工程 3500 米，还解决了五百余亩的农田灌溉问题，许多农户都把水引到了家门口，最终全村人的续饮水困难问题得到了解决。

移民搬迁，解决住的问题。

在修筑环村公路时，汪财发就有了异地扶贫搬迁的思路。冗乒的两个村民组非常偏远，而且山高崖深，时不时就有人畜摔死的事情发生。村民们更是难以将自己的东西拿去市场上交换，往返一趟，时间全耗在了路上，实在太难了，村民生活十分困苦。在修环村公路时，由于经费有限，无法把公路连通这两个地方。基于这样的现状，汪财发与党支部商议，决定把这两个村民组搬迁出来。为打消搬迁村民的疑虑，村里预先给他们协调了200亩可以坡改梯的地方，以解决他们的生存问题。一切准备就绪后，开始动员搬迁，然而搬迁并非易事，一方面需要做村民的思想工作，另一方面，客观上需要经费以解决住所问题，钱从哪里来？汪财发想方设法争取到了省、州、县的援助，顺利完成了第一批搬迁。工作思路理顺了，也就便于开展工作了。汪财发和支部经过努力又争取到了第二批27户搬迁指标。在经费使用上，他灵活地把一份钱掰成了两份使，最终使东跃村的移民工程稳步扩大，稳步推进，最终完成，并推动了全乡的移民搬迁工程，成为异地扶贫搬迁的先行村。

七、抓教育，拔穷根，育新人

三大工程解决的是当务之急，民生之困，确实在村里带来了立竿见影的成效，但在汪财发看来，只有教育才是根本，是关键，是长远大计，是阻断代际贫困的根本一招。他说："要拔穷根，必须抓好子女的教育。"汪财发对教育的重视，在当地是出了名的。汪财发说："我头五年的村支书工资全部拿来聘请民办教师代课。"由于东跃小学条件差，师资力量有限，一直缺少一名教师，村里没有钱，他就拿出自己的工资来聘请老师。"我的工资是多少，代课教师就领多少。"老东跃村小学坐落在山沟里，交通不便，学校办学条件差，辐射范围小，生源逐渐减少，学校面临停办。在汪财发的努力下，学校顺利完成校址搬迁工作。搬迁到公路沿线后，还解决了周边麻怀村、田坝村和东跃村的子女就近入学问题。新学校建成后，汪财发还利用自己的交际圈，联系贵州民族大学人文科技学院，把东跃村小学作为实习点，累计招引实习教师 20 人次，联系广东支教教师到东跃村小学支教两年半，联系帮扶物资 20 万元，用于改善教学条件。

在汪财发和党支部的有力作为下，修公路、修水利、搞搬迁、抓教育，东跃村发生了巨大的转变，村民逐步脱贫致富，不少人还当起了"老板"，主要从事建筑、运营、餐饮等行业。通过几年的时间，耕地面积已有 1316亩。村民的主要经济来源以传统种养殖业及外出务工为主。在汪财发及新一届的"村支两委"班子带领下，积极探索劳务输出新路子，东跃村成立劳务输出协会，每年都有组织地输出劳务，有效地增加了当地村民的经济收入。而各种产业的融合则使东跃村村容村貌发生了翻天覆地的变化，村党支部和村集体先后被评为县级先进党支部、县级"卫生与秩序"主题及省级创建文明卫生城镇先进单位、县级"五好、四新、三落实"农村基层党建示范点、州级先进基层党组织、州级村民自治先进村、州级文明村、省级五好基层党组织。在汪财发卸任之时，东跃村已经有 100 多户人家在县城有了住房。

八、劳模再发力，助力新发展

在东跃村与董架村交界的一个近 300 亩的山坳里，藏着一座 2000 多平方米的钢架棚，这就是汪财发藏在青山深处的黑毛猪养殖基地。

卸任以后，尽管拥有了众多的荣誉，尽管已经不再年轻，尽管日子也越过越舒坦，但汪财发仍想再为家乡出力。"作为一名共产党员，在脱贫攻坚的时间节点上，想为群众做点事情。"这是他在接受媒体采访时总是不由自主而表达的话语。而经营黑毛猪养殖基地，可谓是"劳模再发力"、助力"东跃新发展"的又一件大事。

2013年底，汪财发通过党的十八届三中全会了解到，中央正在着力深化改革，鼓励个人创业致富。这一消息恰似一剂"兴奋剂"，当时他就想，自己作为一名共产党员，全国劳动模范，怎么发挥自己的作用，落实改革政策，助力脱贫攻坚，努力实现同步小康呢？在思索后，他又有了新的主意。

有改革的冲动，还要有落实的决心。2014年，一心想带动村民发展增收致富的汪财发，开始着手谋划产业发展。2015年，在省农业科学院专家的建议下，汪财发开始了种草养猪的规模化养殖。为带动更多群众参与创业，汪财发通过自筹资金、信用社贷款、农户集资等方式，集资250余万元，成立了"罗甸县财发生态种养殖专业合作社"。

在县农工局的技术指导下，养殖技术逐渐成熟，由于成活率高，猪肉品质高，市场供不应求等优越条件，加上低成本的养殖链接模式，当地群众纷纷要求加入参与养殖，从而与周边村镇形成了养殖利益链接机制，带动了本村与周边村镇，特别是贫困户的参与。汪财发说，养殖黑毛猪也是偶然，创业之初，他养殖的是本地黄牛，为此，他从江西引进粮竹草，种植了300余亩草场，作为黄牛的草料。2015年，草场种植成功后，县畜牧兽医局前来考察，并取样送到省农科院检验，检验得出的结果非常好，各种营养成分都比玉米高。有一天，他突然接到一个电话，是省农科院打来的，电话里，直接询问他是不是种植有粮竹草，并建议他拿草料喂猪试一下。于是按照省农科院的建议，汪财发开始用草料喂猪，想不到猪也抢着吃。于是，汪财发放弃黄牛养殖，从黔东南苗族侗族自治州丹寨县引进黑毛猪，开始发展黑毛猪规模养殖。

谈到这个选择的转变，汪财发说，一方面能够节约成本，"我们养殖的黑毛猪主要喂食粮竹草和玉米，粮竹草占2/3，草料是利用荒山种植的，养殖成本很低，一头猪要节约成本1000元左右"。另一方面，他希望能够探索新路，带领村民一起致富。所以，他选择的方式是：养殖模式采取合作社免费为农户提供猪仔，进行技术指导，生猪出栏后，合作社以保底价格收购的方式保证村民利益。目前，合作社的养殖方式在沫阳镇正在进行大力推广，并在八总社区发展了饲草（粮竹草）种植基地，与木引镇政府达成了建设养殖示范基地的协议，有效地带动当地村社经济的发展。

◎ 汪财发的黑毛猪养殖基地

汪财发头脑灵活，充分利用既有资源，在养殖黑毛猪的同时，利用荒山种植粮竹草，合作社不断发展，在汪财发的带动下，当地群众养殖黑毛猪的规模越来越大，成为助力"脱贫攻坚"的一大产

◎ 汪财发用草料喂食黑毛猪

业。汪财发多渠道带动群众致富，为家乡的发展尽心尽力，充分发挥了党员与劳模的带头作用。

如今，汪财发的女儿已经成家，并参加工作了，儿子也大学毕业，在外地创业。作为"全国劳动模范"的他，每年也有不少"工资"，基本上算得上小康生活了。但他并没有停息，他总说："群众信任我，我总要干点事出来，不能辜负他们啊。"这样一句简单的话，或许就是这个生长在麻山腹地的汉子的动力源泉，凭着他那股"石头"脾气，决不向困难低头。他的精神也深深影响了周围的人。他的继任者也曾不无担忧地说："我们现在担心的是能力有限，做不好事情，对不起群众。"但老支书汪财发一直积极协助"村支两委"的工作，相信在他的"劳模效应"下，东跃村会越变越好！

新时代是一个伟大的时代，伟大时代需要伟大精神的引领和导航，伟大精神推动伟大事业和伟大目标的实现。"不惰者，众善之师也。"劳模精神是对新时代劳动者最具感召力、凝聚力和影响力的精神力量。从修路人到致富带头人，"全国劳动模范"汪财发说："过去不容易，现在当珍惜，未来更努力。"我们应该深刻地认识到："劳动是一切幸福的源泉。"传播弘扬劳模精神，不只是劳模的事。每个社会成员都应以劳模精神要求自己，以劳模标准提高自己，努力向广大劳模看齐。每一个劳动者立足本职岗位辛勤耕耘的实际行动，都是对劳模精神最好的传播和弘扬。

几页纸写不下所有的奋斗故事。正如有诗人写道："谁是罗甸骄傲？有史以来，那些踏足这块热土，并为之付出汗水和生命的人都是！"汪财发正用他的实践行动，展示着新时代奋斗者的姿态，鼓舞着敢于追求、不怕困难的人们不断开拓奋进！

油海村的带头人：马廷科

马廷科，男，汉族，1970年6月生，中国共产党党员，2003年1月担任罗甸县边阳镇油海村党支部书记至今。经过十多年的努力奋斗，将一个贫困村打造成了远近闻名的脱贫致富示范村。2010年4月被授予"贵州省劳动模范"称号，2011年7月被评为"贵州省优秀共产党员"，2015年5月，荣获"全国劳动模范"称号。

一、先干事后说话

黔南大地、苍山莽莽；红水河畔、人杰地灵。油海村地处贵州省南部红水河之滨的罗甸县边阳镇北面，距镇政府驻地5.5公里，村民委员会坐落在四面青山环抱的盆地之中。2014年乡镇区划调整后把罗沙乡翁选村及栗木乡竹冲、阁滕、甲托组3个组与油海村合并为新的油海村。全村国土总面积28.5平方公里，辖17个村民组，19个自然寨，居住着汉族、苗族、侗族、布依族等多个民族，其中汉族人口占90%。农户主要经济来源为务

◎ 马廷科

农和外出务工，农业生产以种植玉米、水稻、油菜、蔬菜和畜禽养殖为主。

像西部众多的喀斯特山区小村一样，这儿山多土少，全村近 2000 人，却只有 753 亩田，因此收入主要靠外出务工。但就是这样一个小村，在村支书马廷科的带动下，经过几年艰辛的努力与尝试，终于走出了一条极具典型意义与借鉴价值的和谐发展之路，为广大山区乡村和谐发展提供了一个鲜活的样本。

马廷科在未当选村支书之前，是县电力公司下属工程队的工头，干一个工程就能挣三四万元，是村里第一个用上传呼机、骑上摩托车的人。

因为通村路的修建，马廷科和油海村连接在了一起。记得那是 2000 年左右，当时的村支书和任调解主任的马廷科父亲年纪都比较大，因为计划生育、征收农业税等工作，使大家都忙得不可开交。恰逢村里的进村公路又烂又窄，重修公路的呼声越来越高，这让村干部有些焦头烂额。过年时，回家过年的马廷科请乡镇政府干部来家里吃饭，大家聊起村里的各项工作，马廷科也谈了谈自己的想法。大家说起翻修公路的围栏之事，马廷科索性通过自己的私人关系，找来 10 吨水泥等材料，打算给村里提供点支持。万事俱备，却偏偏欠了东风，父亲推说自己和村支书的年纪都大了，干不了这个活儿。"要修你自己去修。"一句话就把"烫手山芋"丢到了马廷科的手上。半途而废不是马廷科的性格，他担起修路的重任后这条路很快就修通了。这也是马廷科为村里干的第一件大事。此后，马廷科成了油海村"村支两委"的干部。

◙ 油海村全貌

2001年1月换届选举中，马廷科赢得800多张选票，高票当选油海村村民委员会主任。刚当选村主任时的马廷科，已经干了10年电工，从小工到工头，从"散活"到大工程，用他自己的话讲，完工一个项目，歇着"耍个把月"都没问题。当了村干部后，压力很大。他曾经想给自己算笔账，如果不当这个村干部，没准现在已经是百万富翁了。马廷科的选择，在家人看来，很正确，要支持。"这是我的初心源头，从热心，到实实在在的责任，从用心，到爱党为民的坚守，从村主任到村支书，我在油海村已经干了整整20年了，有意义，挺踏实，很光荣。"马廷科评价自己时说。

2003年，刚刚年满30岁的马廷科当选了村支书。就在他当选的一个小时之前，村民老是说这说那的，说先前的有些村干部不公平、没能耐、不做事……乡里的干部鼓励马廷科好好地干出个样子来，而在场的村民则表现得相当木然。"不清楚大家是在为我担心，还是在等待着故事的重演。"马廷科说，在他之前，就有两个村支书在群众的冷眼中自动放弃不干，"可以说，油海村在一段时间里，村民眼中是没有村支书的，因为村干部的原因，村党支部在群众当中几乎没有什么公信力。"

马廷科说，他上任的头两个月，几乎没有开过一次村民会议，也没有向村民谈自己的一些打算。他知道，只有先把事办好了才有发言权。

2003 年，马廷科当选村支书。一天，村民徐明玉跑到学校，找到校长，质问校长为什么自己的儿子嚷嚷着非要去镇上上学。校长告诉徐明玉，油海村小学条件不好，去镇上的第三小学读书条件不错，还离得近。他给徐明玉出主意，让他找马廷科开证明，就能办成。徐明玉不是第一个为这事找他的，头两年就听说村里的小学生到三年级后大半都要去镇里上学，村里已经开了不少证明，每次都是这个校长给家长出的主意。马廷科纳闷了，哪有校长往外校推学生的，搞什么名堂。当天下午，马廷科没有敲门，直接推开了校长的宿舍门。马廷科劈头盖脸地把上午的事讲了一遍。校长没有反驳，一声不吭，领着马廷科围着学校转了几圈，开口说："咱们村里的小学教学条件太差，教室四周连个围墙都没有，有时候我们学生上课，村民直接赶着牛啊羊的就进来了。还有学生听了半节课就偷跑出去。收庄稼的时候，家长在地头干活，向教室喊了几声，他的孩子就跑过去干起了农活。这种情况，哪个老师能安心教学，哪个学生能认真听课嘛。我也是没办法，至于为啥要把学生往外面撵，你抽个时间去镇上三小看看就明白了。"马廷科明白了校长的苦心，心里有了盘算，当天就跑到边阳三小转了一圈，通过几天的仔细调查，马廷科看到这里有体育场地，校园围墙，教室功能也很好，他动了决心要把油海小学重建一番。村民得知要修小学，都很积极，大伙儿集资出工打了地基，可等了几个月，也不见县里派人来，更别说项目物资了。马廷科着急了，跑到教育局，找到局长办公室，进去直截了当地问为什么修村小学的事情局里还没有落实。局长愣了一下，叫来办公室的人，问怎么回事，办公室工作人员表示，这个项目还没有过局里的会议审议，所以没办。马廷科以为这事要黄了，硬着头皮说："那不行，你们要是不解决，我就搬到局里吃住不走了。"教育局局长笑了笑，说："马支书，放心，这事马上办。"

没多久，800 吨水泥运进了油海村。这是油海村自行实施的第一个大项目，马廷科决定改一改过去的实施方式。他的想法得到了"村组"干部的赞同。随后他又组织召开了一次群众大会，要求村民们自己选出代表来对项目的施工与物资管理进行全程监督。在五个村民代表的监督下，学校的围墙工程很快就动工了。由于工程没有配套施工款，得靠群众投工投劳。可是村民却认为上边的工程一定配有工钱在里边，村里硬要群众投工投劳，肯定其中又有"名堂"了，于是有的村民明摆着不来干活，有的则称家里有事，来一天停两天。眼看工程就要停工了，马廷科只好站出来向大家保证，工程完毕后，按天付给大家工钱。可是大部分村民觉得一万多元的总工价不是个小数目，马廷科会拿得出吗？没有办法，马廷科就当众把话放出去："我用自家的田地作为抵押，如果在 2003 年内付不起工钱，大家就去瓜分我的田地。"马廷科说他只有一个条件：大家必须在开学之前把围墙修好。大家又开始动工了，但这话却让马廷科的家人提心吊胆地过了半年多，都害怕他最后付不起工钱而把家里的土地都分出去了。一个月后，围墙建好了，马廷科又到县里邀请有关领导前来验收，看到工程完成得十分漂亮，有一位县领导当即就夸奖油海村民觉悟很高，能够在短时间内不计报酬投工投劳修建学校围墙，值得学习。验收的领导前脚刚走，马廷科后脚就跟到了县城。他知道，诺言该兑现了。他找到了那位前去验收的县领导，说想再要些资金去改善一下村里的道路。看到眼前这位诚实的年轻人，对方又协调了 10 吨水泥。马廷科说自己当时在盘算，至少得 40 吨才能付清工钱。于是他只好赖着脸，到一些部门去"化缘"，走了六七个部门，才弄到了不足 10 吨的水泥，后来他找到一个搞工程的朋友，对方又支持了他五吨水泥。马廷科把 20 余吨水泥运进村口时，村民早已等在那儿，还没等马廷科说一句话，大家就围成了一圈。"这个水泥可能还不够……"没等马廷科说完，村主任徐治礼就站出来说："马支书，大家都知道修围墙没配套工钱，所以大家都来向我说，不要你付工钱了。"马廷科说当时自己一阵感动，又一阵酸楚。村民们卸完水泥后，马廷科与村主任在现场召集村民开会商量，他决定用这批水泥硬化村里的一段路面，请大家回去告知一下，哪个组能够投工投劳就先拨给哪个组。当晚就有三个小组长上门来要求先实施自己组的路面硬化。马廷科与村主任徐治礼商量了一下，就大胆地做出了一个决定，并在第二天的村民大会上公布：哪个组先打好路基，可先用这批水泥，随后的组村里再去想办法找水泥来施工。马廷科没有去想其他的，他只想把村民的积极性与对村委会的信任度提起来。但最让他没有

想到的是，8 个组当中竟然有 7 个组在村民大会后便动手砌石坎、垒路基。就在村民们纷纷投入到公益

◉ 油海村召开群众大会

事业建设中的时候，马廷科把村里的工作留给徐治礼，自己又悄悄地跑到县城来了。这次他找到的是县电视台与县新闻中心的记者，一条条生动的新闻不断地在电视上、报纸上出现，油海村慢慢地进入了人们的视野。当油海村第一条水泥串户路硬化完毕后，马廷科请电视台的记者做了一个专题片，分别送到了当初为油海村解决水泥的部门负责人手中，看到油海的这种精神，很多部门对马廷科更加信任了。当马廷科再次准备出门"化缘"时，各相关部门纷纷给予了大力支持。

6年来，县部门与领导对油海的关注力度越来越大，马廷科也一直采取村民代表参与实施的方式，做完村里的所有项目。每一次都得到了群众的认可，直到如今，乡里、县里关于他的告状记录仍是零。

马廷科说油海村委会在最近6年实施了500余万元的项目，归纳起来就是建成了能够解决1200余人饮水、1000亩水田灌溉的两座抽水站，完成了16000余平方米的串户路硬化，修建了一座530余平方米的村办公用房。当年曾是群众代表，如今已选上组长的胡再成说，马支书每次找回来的项目都只经手两次，一次是把项目交给大家，一次是大家把账目交给他，再由他向全体村民公布。"这让广大党员和村民真正地享受到了民主，所以每次在公布账目时，村民们都十分信服，如今村里无论做什么公益事业，村民们都是随叫随到，积极性很好。"

计生、税改、退耕还林、解决旱季用水问题……马廷科接手后，棘手的工作是一件接着一件。当选几年后，马廷科成了边阳镇出了名的"乞丐支书"。如今村委会办公所用的那栋3层小楼，几乎都是靠马廷科和村主任两人搭档去跑贷款、借钱、赊账而建起来的。不仅赊办公家具，2008年马廷科还赊来一台电脑。当时这台电脑是全村接通网线的第一台电脑，也是当时唯一的一台电脑。自从有了这台电脑，马廷科通过自学掌握了拼音打字，之后便迅速建了一个 QQ 群，把在外打工的村民们都拉到这个群里，同时买来摄像头，通知村里的老人和小孩，可以在约定时间里来办公室与亲人视频聊天。看着 80 多岁的老人坐在电脑前与孩子们述说着思念，脸上变换着惊讶、喜悦或伤感的表情，马廷科的心里升腾起一种从未有过的成就感。

二、村民才是主角

在油海村委会办公室里，有几本厚厚的相册，里边装满了从 2003 年到 2011 年春节运动会、"七一"表彰以及各种活动的图片。马廷科还记得，在 2004 年，村里在大年初二开始举办第一届运动会时，他们请来了全村 70 岁以上的老人，把他们安排在前排，并集体向他们拜年，当礼品与大红花送到老人们的手里时，很多老人流下眼泪，都夸说，这小伙子没有白当村干部。村里年年都搞春节活动，全是在外工作的村民们的资助。开始的时候，是由村里发出捐款倡议书，两年后，只要春节临近，大家都会主动地三百两百地捐出来，为的就是让过年的几天，全村人聚在一起热闹热闹。虽说只是一些简单的节目，但却让村里的很多老人过上了一个愉快的春节。每年春节运动会期间，马廷科都会在开幕式上做两件事情，一是公布一年来的账务与项目实施情况，算是向村民们做个述职报告；二是向支持家乡的人们表达感谢。他还将一年来支持油海村的各种项目张榜公示出来，这既让村民知道，又让相关部门放心。运动会结束后他还会组织村里在外工作的以及村里的党员干部一起开个座谈会，谈谈自己的想法、听听大家的意见。马廷科说："通过许多有见识的人在会上不断地灌输新的理念与发展思想，教育群众，启发'村支两委'，胜过村里召开 10 次大会。同时，'村支两委'班子也在会上充分地听取村民们的发展需求与发展愿望，让他们有一种主角意识。这给新的一年的工作打下了良好的基础。"

◎ 马廷科在田间地头宣讲政策

目前，油海村最显眼的建筑就是村办公楼。马廷科说那是在外工作的村民们一起努力的结果。2007 年，县里解决了 4.2 万元工程款，但大家在得知村里需要建一座办公用房后，在外工作的村民纷纷行动走来，大家纷纷借助各自的社会关系，有的找人设计图纸，有的找人捐助，大家齐心协力地把资

◎ 马廷科为村民送水

金、物资凑起来。终于在 2008 年夏季建成了功能齐全的村办公楼，总造价超过 38 万元，是国家拨款的 9 倍多。马廷科粗算了一下，在外工作的村民投入的部分占了 50% 以上。

在油海村的西面有一口井，水井旁建有一座漂亮的凉亭，那是村民茶余饭后娱乐、休闲的地方。旁边还刻有一块石碑，上边写满了捐款者的名字，有乡干部、有村民、有企业，多到上千元，少到 5 块 10 块不等。马廷科说，在油海实施的每一项公益事业都有村民们集资的成分。油海春晖行动小组是对村集体事业最热心的团队之一，村里的办公设备也都是在他们

的帮助下从州里的一些单位找来的。

在第三轮学习实践科学发展观活动中，听说县里要到村里征集歌唱发展观的民歌，村里的山歌高手徐大爷连夜砍来竹子，做成快板，编了歌词。对着电视镜头，老人用朴素的歌声表述了村民们内心的感受：

油海本是一块宝，管理不善乱成草。组织选了个马支书，和谐油海还是宝。油海本是一块宝，你吵我闹好不了。感谢党的好政策，支书得力像个宝。……

在过去的油海村，村民与村干部沟通不畅，彼此之间存在很多误会，对"村支两委"的工作也不理解，甚至有人利用学校的广播辱骂村干部，当时的马廷科压力很大。甚至就在马廷科当选村支书的一个小时之前，还有村民用喇叭大骂先前的有些村干部，说他们不公平、没能耐、不做事。

几年工作干下来，马廷科相信，唯有沟通才能让一切都好起来。刚开始流行 QQ 群的时候，马廷科利用 QQ 群宣传村里的大小事。流行用微信时，马廷科也是第一时间下载学习使用，又建起了好几个微信群。如今，马廷科还注册了抖音账号，他喜欢在微信朋友圈和抖音等平台上第一时间发布工作动态，不仅是为了记录自己工作的点滴，更是让"村支两委"的工作更加透明。除了线上保持沟通，油海村村民人手还有一个"小本本"。这是本脱贫攻坚通讯录，封面的左右两边各有一行蓝色的字："不忘党恩深似海，实现小康要加油。"

"喂，马支书啊，今年村里种油菜的项目，别忘记帮我留指标哈。"

"嗯嗯，好的好的，只要你想种，勤快种，一定有你一份，放心哈。"

村民李廷恩拿着一本小小的通讯录，找到马廷科的电话打了过去，得到马支书肯定的答复后，他满意地笑了。"这是昨天才领到的新本本，比原来的精致多了，不仅有电话，还有职务和相片呢，我们有事就能找到村干部。"

"想要畅通民心，就得打通交流壁垒，让群众能随时随地无障碍地与村干部沟通交流，让邻里之间也能快速有效沟通。"马廷科的办公桌上摆着4本不同颜色的电话本，因为他当选油海村村支书后，就开始考虑群众沟通交流的问题。

2008年，马廷科终于找到了破题法宝——定制油海村自己的便民电话本，11年来，油海村村民通讯录4次更新，电话本上的号码从最初的村干部扩展到包括在外打工人员的全体村民。

◎ 马廷科（左二）组织村民参加秋冬油菜种植培训现场

　　"每隔几年就要重新印一次，有些村民电话变了，按照电话本打过去就找不到人了。"有党员同志在党员大会上提出，要及时更新电话，以便于加强与群众沟通交流，能更好地了解群众的生产生活情况，服务好群众。

　　"只要大家提的意见正确，我们就采纳并落实好。"马廷科笑着说，最后这次更新内容更全、范围更广，不仅有每个人的号码、职务等信息，还有相片，印了576本全部发放到群众手中，打通了干群沟通的壁垒。

　　翻开通讯录，每一页都有一名村干部的姓名、职务和联系方式，还配上一张照片，村民想找谁办事，打开这个小本本就一目了然。

　　马廷科从来不惧村民"唱反调"。他说"有人愿意提意见，就意味着你有整改的机会。"村里有位60多岁的老人，经常与村干部"作对"，但平时

◉ 马廷科（左四）在给村民演示使用手机下载学习资料

又表现得像个热心人，邻居家有事，需要帮忙，他都忙前忙后地张罗。连村里修串户路时，每天天还没亮，他就起床挨家挨户地喊："起来啦，起来做活路咯！"

这么一个热心人，却唯独"见不惯"村干部们做的工作。马廷科十分不解，便上门找他交流谈心，他也毫不客气地当场提出不少建议和意见。于是，马廷科明白了，这位老人其实是在用他的方式向村干部表达自己长期不受重视的委屈。马廷科将老人发展成为党员，此后村里的大事小事他更加积极了。

古话说得好，"天时不如地利，地利不如人和"。在油海村任职过程中，马廷科始终坚信新农村发展的关键是人的和谐。近些年来，为不断提高油海村的"和谐指数"，马廷科始终坚持用权为民原则，牢记权力是人民赋予的，严守底线不碰高压线，不搞独断专行和"拍脑袋瓜"决策的事，规范权力的有效运行。首先是在村级事务上做表率，带头推行"四议两公开"工作法和"三重一大"决策制度，凡遇重大事项均召开会议，共同商议、民主决策。其次是在保持党员先进性上下功夫，坚持推行困难党员"一对一"帮扶制度，不定期对困难党员、老干部、老党员、老战士进行走访慰问活动，既密切了党和群众的联系，也增强了村民的荣誉感和归属感。再次是在社会满意度上做文章，以建立油海人家乡情 QQ 群、收集村民电话制成通讯录等方式，强化外出务工人员和亲人的联络，尤其是对于常年在外务工人员或是留守人员来说，QQ 群和 QQ 聊天室不仅进一步拉近了亲情友情，更让在外的家乡人分享了油海村和谐发展的那份喜悦。在历届油海村"村支两委"的接力经营下，油海村没有一起刑事案件、上访事件发生，2013 年"和谐油海"创建经验被贵州省同步小康创建专题网站收录，一时成为同步小康创建的样本。

三、既然选择了，就要干出个名堂来

2008 年，罗甸县委组织部部长陈木林在油海村谈到便民利民服务工作时，马廷科立即要求将油海村列为便民服务中心试点。一个月后，在县委组织部的帮助下，油海便民服务中心挂牌了，通过州县组织部领导检查调研，黔南布依族苗族自治州十二县（市）村级便民服务站现场会在油海召开，马廷科也成了坐班办公的村支书，每天只要不是外出，几乎都在村委会办公楼候着，村民只要有事都能找到他。

在马廷科的办公室里，有两排东西最为显眼，一排是各级领导到村里调研的放大图片，一排就各种文件夹。文件夹里分门别类地放了各种表册，上边记录了每一件为村民做的事，事无大小，从发放身份证到解决邻里纠纷都有。记录本上边竟然还记录了某天某人到此 QQ 视频等事项。原来，油海村每年在外打工的青年就有五六百人，为了方便家里老人与孩子的联系，他特意买来摄像头，但凡哪位老人想念自己的孩子了，就过来与远在他乡的儿女聊聊天，相互见上一面。村民老胡的女儿外出打工很多年，都成家立业了，他们老两口还没有见过女婿本人，结果也是 QQ 视频让老人看到了活生生的女儿女婿，一家人竟然你一言我一语地从晚上 8 点聊到深夜。"看着一家人其乐融融的样子，我心里真的很高兴。"马廷科总是能整出一点新的花样来让人耳目一新。在他的办公室里，我们看到一个记录得有全部村民联系方式的电话本，他说这个本子村民有，乡干部有，连县委组织部的领导他也送了一本。方便联络只是一个目的，马廷科说他是想让上级领导们打些电话，问问村民，村里的工作是不是做得到位。如果回答是肯定的，那么自己争取项目一定会有利，反之如果自己争取不到项目了，则说明自己没有做好，得加倍努力。

在油海村，和马支书在村里走上一圈，出现频率最多的两样是：新房子与招呼声。马廷科的小名叫马江，村里老人们都会亲切地叫一声小江，年轻人习惯叫一声江哥。在一陈姓村民家门口，见到大家在门外，主人死活要拉着大伙一起去吃饭。马廷科说这其中还有一个故事，两年前因为计划生育工作造成了一些误会，导致陈家成天对村里不满，后来村里想方设法地为他们一家解决了好些实际问题后，他们才发现，村里不是故意针对他们家，而是在执行政策。在一次会上，对方主动承认了自己的不是，从那以后对村里的干部都十热情。

在油海村，"村支两委"给村民办理任何事项是不另行收费的。在村里，无论你与任何村民谈起这事，大家都十分感动，说是马支书带了个好头，每次办理什么事，村里从不另收一分钱。如，2010 年 5 月，二组的村民徐民江在清镇市打工不小心把脚扭伤，老板没有妥善处理此事。为此马廷科分别四次跑到清镇找老板为徐民江要回了 5 万元的误工医疗费用，别说车费住宿和其他费用，连水都没有喝他家的一杯；三组潘富饶 2011 年 7 月在贵阳供电局贵州泰铭有限公司施工队参加农网改造中不慎造成头部受伤，双方多次协调后期营养补助误工费用一直没成功，潘富饶在无助的情况下找到马廷科，马廷科以村委及基层工会的身份出面协调一次性解决了 7 万元的后期营养补助和误工费，也没有收取任何费用。村里每年要为村民填补近 5000 元的各种开支。马廷科自己每年都会在便民服务上垫付上千元。但他还是不计较，他说，从他当上村支书开始，"村支两委"干部选择的就是先办事后说话的做法，学校的围墙就是他们办成的第一件事。随着办的事越来越多，"村支两委"的公信力慢慢地树立起来了，群众也团结起来了，村里的生产生活条件也改善了。"能够拥有这些，我们村干部吃点亏算什么呢？"其实，马廷科吃的亏何止一点呢？一组的徐治鹏说，马廷科把时间花在了村里的工作上，每月的补助才几百块，但他以前的生意全落下了，每年损失的钱不可估算。据说为此，他的妻子曾不止一次地哭过。但马廷科还是坚持自己的想法，说服妻子与家人。每当与马廷科说到这事，他都是一笔带过。他说当初一位老支书曾与他说过，既然选择了，就要干出个名堂来。马廷科说自己认这个理，其他的该丢的就丢了。每年春节，马廷科都会用自己省下来的补助，为一家老小买上一身新衣服，当他高兴地把衣服送到家人手中时，许多村邻却感到无比的愧疚。村里70多岁的老人袁禄民说，看到马廷科这样顾及全部村民，都不愿再为村里增加什么麻烦了。

直到如今，马廷科仍然一如既往地主动与村民们沟通，帮助大家解决困难。特别是那些留守老人与儿童，他更会主动地上前帮助，有时用自己的电话打给他们的亲人，让他们家人相互通话。过年过节，他主动去慰问。村主任徐治礼说，每年村里有近400人在外打工。"他们一出门，马支书就成了留守老人的儿子，成了留守儿童的父母。"但就是马廷科这样当儿又当爹的坚持，才换来了油海村300多栋平房。如今油海村的平房普及率已达98%以上。油海村还建立起了党员服务QQ群，油海人家乡情QQ群，专门用来联系村里村外的党员群众，让大家知道家乡的发展情况，齐心协力发展家乡。马廷科说，油海村的许多新东西都是在外的村民带进来的。

在马廷科的电脑桌面上有一张油海村全景图片：四周环山的小村，几条白色的水泥路在绿色的田野里穿梭，几乎是清一色的水泥平房，绕田而建，景色十分迷人，真像一个世外桃源。"油海很美，但油海并不富。"马廷科说现在油海的人均收入虽然已超过全县的平均水平，电话、摩托车、电视等已经家家拥有，但这仍不是最终目标。他说，前5年，他实施的最大项目就是把民心都融合在一起，让油海村民过得安宁和谐。从今年起他将想尽办法，把油海村民的口袋搞鼓起来。"我们准备利用现有的资源，把门前的田野都打造成万元田，让它们四季常青。力争探索出一条老人与青年都能在家门口挣钱的新路子来。"

马廷科 2019 年春节在发展座谈会上谈到自己的这个想法，立即得到了村民们的赞同。但春节过后，油海村遭遇了百年不遇的旱灾。正如油海这个名字的来历一样，"天旱水如油，大雨水成海。"村里已无水可取，许多村民纷纷找到马廷科商量对策。听村里的老人说，离村子两公里远的大窝凼有一个阴河洞。马廷科带着人去查看水位，那儿是唯一能够取水自救的地点。但要从大窝凼取水，需架线拉电、安水泵、埋水管，初步测算得花 13 万元的材料钱。村民们再次把目光投向马廷科。马廷科骑上摩托车，到县城求助。他找到南方电网罗甸县分公司，听完马廷科的汇报，对方立即

◎ **马廷科（右）在查看生猪幼崽的生长情况**

答应解决电的问题。马廷科又跑了好几个部门，终于在县水利局把水泵与水管的问题给解决了。物资运到油海后，村民们男女老少齐动手，在外从事水电安装的村民们纷纷赶回来，仅用两天的时间，便完成了两公里的电线架设与水管安置。当村民们正在为取到饮用水而欢欣鼓舞时，马廷科已召集了村里10余名党员与积极分子，组成抗旱服务队，正在为村里的留守老人、儿童送去干净的饮用水。马廷科也在服务队的行列中，有人不解这是为什么？他说："这是因为，我上任开始，就立下誓言，要做一名优秀的共产党员及群众信任的好村官！"

四、翻越贫困"火焰山"

曾几何时，"欠发达、欠开发"一直是困扰油海村奔向全面小康征途上最难穿行的"火焰山"。作为一个土生土长的油海人，当看到越来越多的年轻人因家庭经济困难而纷纷选择辍学外出务工时，马廷科看在眼里、急在心里，心想：如果能像电视剧里的孙悟空一样，借到一把能带领老百姓翻越贫困"火焰山"的"芭蕉扇"，也许就不会大面积出现年轻人流走、老人守空巢的乡村寥落景象了。

抱着这样的念想，2008年以来，马廷科坚持从实际出发，根据发展需要，加强业务培训，不断提高业务知识，先后带领油海"村支两委"班子、党员代表、群众代表先后两次到青岩、安顺、贵定、龙里、独山、凯里等地就"四在农家"和新农村建设"取经"，并结合油海村情，选择重点打造一批以涂国娥为首的种养殖能手，在全村进行高效生态农业"试水"，当年就带动全村饲养生态土鸡5000余羽，实现年净收益5.6万元。目前，在涂国娥等数十户种养殖能手的带动下，油海村生态土鸡饲养规模达到 20000 余羽，年产蛋 30 多万枚，现有存栏 1500 只以上的生态土鸡养殖户 3 户，发展黑山羊养殖 50 头以上的农户 4 户，可实现年人均稳定增收 862 元。

虽说，油海村在突围贫困包围圈上打开了一个缺口，留住了乡村人气，但面对近年来日趋繁杂的村级事务，以及入不敷出的财务状况时，仍然觉得十分困难。面对这些难题，油海"村支两委"脚踏实地，真抓实干，直面矛盾，用发展来破解难题，带领村组干部及广大群众在村集体经济上进行"拓土开疆"。2012 年下半年，马廷科在网上查阅了大量资料，组织"村支两委"班子、村民小组组长、村民代表数次会商，最终决定采取土地、信息和管理等要素入股的方式，参与分享市场经济红利。当年，油海村按照 10% 的股份，提供 20 亩集体土地与园艺商合作培育观赏桂花苗木 3000 余株，预计上市后，油海"村支两委"仅此一项就可创收 30 万元。除此之外，油海"村支两委"还牵头组建了一个以电力设施安装为主的服务小分队，队员发展到 120 余人，服务范围覆盖黔中、黔南州大部分地区，每年服务队安装收入就有 300 多万元，"村支两委"从中提取的管理费用也有 0.3 至 0.8 万元不等。通过市场资源的合理配置，目前油海村集体经济年均增收 2 万元以上。

2014 年时，油海村由 313 户 1386 人口的小村合并为 557 户 2486 人的大村。按照精准脱贫工作要求，马廷科带领"村支两委"走遍油海村合并后的 24.5 平方公里的"咔咔角角"，走遍每个自然寨、走访每户村民，深入了解分析贫困原因，熬夜成了常态。2015 年，油海村正在实施的还有"四在农家·美丽乡村"项目 2 个，一是油海村森林防火监测台的道路硬化，总投入 60 万；二是通村公路绿化项目，总投入 24 万。

2015 年，马廷科获得了全国劳动模范的荣誉称号。这一特殊荣誉是对

◉ 马廷科（左）和村干部在查看皇竹草的生长情况

马廷科过去十多年工作的极大肯定，也更加坚定了马廷科在村支部书记岗位上继续为大家工作的信心与决心。

油海村冬天雨水贵如油，很早以前村民喝水都是到水井挑水喝。为了确保村里家家通自来水，马廷科第一时间组织村干部、水管员及群众维修更换水泵。马廷科在提泵途中不慎发生意外，头部、腰部、手腕三处被砸中，其中头部外伤，腕骨破裂，两根肋骨断裂。住院期间，马廷科早上输液，中午回到村里继续上班。妻子虽总是说马廷科"不把自己身体当回事"，但也总是默默站在身后支持他。年老的母亲也总是含着泪问马廷科为什么工作那么忙，生病了也不好好休息。马廷科告诉她说："因为我要履行自己的职责，要对得起群众对我的支持和信任。"

当村干部 20 年来，马廷科也慢慢总结出自己的"12345"工作法，即

"一吃、二实、三把、四要、五总结"。"一吃"是要吃得亏；"二实"是做人要实在，做事要实际；"三把"是把群众的冷暖记在心上，落实在行动上；"四要"是要听党话，永远跟党走；"五总结"为"高、贵、意、情、仁"（高人指路，贵人相助，意见人监督，用情服务，仁品道德为本）。

2019年6月6日，油海村发生了历史以来的特大水灾。"我们党员同志一定要冲在前！"面对灾难，马廷科带领全村党员挺身而出，干最脏最重的活，划着皮划艇到最危险的地方去帮助被困的群众。洪水消退后，他又带领党员和群众重建家园。经过3个多月的艰苦抢修，村里的饮水管道全部修复完毕，群众喝上了干净、安全、放心的自来水了。

站在垭口远望油海，一条条水泥路穿梭在村头寨尾，犹如一条条白色的丝带，把村委会与群众紧紧连在了一起，在"丝带"尽头，机械声轰鸣，村民们都很期待的休闲广场正在建设中。

"村民富不富，关键看支部，村子强不强，要有领头羊。"这句话是马廷科的口头禅。在他的示范带动下，村里的党员干部以他为标杆，都严格地用共产党员的标准要求自己，讲政治、讲规矩、讲奉献。

青山环绕油海村，干群同心筑和谐。如今，在"领头羊"马廷科的带领下，通组路全部完成了，路灯亮起来了，实现了户户有洋房，家家有电视，人人都用智能手机，一半的农户家庭购买了小轿车。

"生活在共产党领导的大家庭里是非常幸福的，我们要珍惜今天来之不易的好日子，要尽职尽责为群众办好事、办实事，踏踏实实为人民服务，当好人民群众的公仆。"马廷科是这样想的，也是一直这样做的。"能躲过非洲猪瘟，算是奇迹了。"村民刘紫光说，山里放养的50余头猪还在，多亏有了马支书的及时提醒和周到的服务才幸存下来。在猪瘟发生期间，马廷科随时关注疫情的变化，并打电话让他做好防范，给他送消毒药，关心非常到位。

"必须带动群众致富。"马廷科将葡萄园免费转给徐志开时提了唯一的要求，让徐志开心里有谱的同时也很感动。原来，村里在 2013 年投入 4 万余元流转了 5 亩土地试种葡萄。2016 年免费提供给徐志开发展，还为其支付了 2 年的土地租金，就是想让他致富的同时带动周边群众增收。

"他心里时时刻刻装着群众。"徐志开指着葡萄园说，在马廷科的关心下，葡萄园已发展到了 15 亩，带动了 5 户群众实现增收。

如今的油海村通组路、串户路通到家门口，公共实施基础项目 24 个，总投入约 3400 万元，集体经济 15.5 万元，210 户 815 人贫困人口全部脱贫。油海村，也成了远近闻名的小康村、和谐模范村。

马廷科作为油海村村干部、村支书的 20 年，油海人逐渐认可了这位"领路人"，视其为"主心骨"。10 多年来，他以群众为中心，竭心尽力为群众解决揪心事、烦心事，想尽办法为群众解决实际困难，带领群众脱贫致富，2010 年被授予贵州省劳动模范荣誉称号，2011 年荣获贵州省优秀共产党员荣誉称号，2014 年被评为全省优秀共产党员，2015 年被授予全国劳动模范荣誉称号，2016 年入围第三届"黔南骄傲"十大年度人物。在马廷科的带领下，2008 年 8 月，油海村被深圳市龙岗区委党校定为中青年干部国情教育三同实践基地；2010 年，被定为黔南布依族苗族自治州新农村建设示范村；2011 年 3 月，被中共贵州省委党校（贵州行政学院）定为教育教学基地；2011 年 7 月，被贵州师范学院定为大学生社会实践基地。2012 年 5 月，被中共贵州省纪律检查委员会、贵州省文化和旅游厅评为廉政文化建设示范村。2014 年被贵州省环境保护厅评为贵州省省级生态村。2015 年 12 月获贵州省卫生村称号。2020 年 12 月被中共黔南州委、州人民政府评为 2018 年—2019 年度文明村，2020 年 12 月被中共贵州省委、省人民政府评为 2018 年—2020 年度全省文明村。

当代"女愚公"：邓迎香

邓迎香，女，汉族，1972年10月生，中国共产党党员，贵州省罗甸县人，贵州省罗甸县麻怀村党支部书记，贵州省妇女联合会副主席（兼职）。她是一个边远山区普通的农村妇女，更是一名光荣的共产党员，为改变家乡贫困落后面貌，不等不靠、敢闯敢干、艰苦奋斗，带领村民发扬"愚公精神"，在悬崖峭壁上硬生生凿出一条"麻怀出路"，凿出了通往富裕的新希望。她面对困难毫不畏惧，面对脱贫充满信心，是当之无愧敢于冲锋在前、勇于担当重任的"领头雁"。曾荣获"全国优秀共产党员""全国三八红旗手""全国社会扶贫先进个人""中国消除贫困奖感动奖""全国脱贫攻坚奋进奖""第十一届全国五好家庭"等荣誉称号。2017年当选十九大代表。2020年11月，荣获"全国劳动模范"荣誉称号。

一、麻怀村一定要开山通路

为了改变家乡贫困落后面貌，一个只有小学文化水平的农村妇女，带

◉ 背着农具行走在田间的邓迎香

着几十户村民开山凿石，前后历经 13 年，锲而不舍，在悬崖峭壁上硬生生凿出了一条 216 米长的"麻怀出路"。十三五期间，她不等不靠、敢闯敢干、艰苦奋斗，带着村民发展产业，使曾经闭塞的贫困村面貌一新。

　　她就是当代"女愚公"，一个敢于抡起铁锤开挖隧道的普通妇女，一个带领麻怀脱贫致富的共产党员——贵州省罗甸县沫阳镇麻怀村党支部书记邓迎香。

　　麻怀村地处罗甸县大山深处，山高坡陡、水资源缺乏，属典型的"九山半水半分田"的石漠化喀斯特山区。邓迎香不是土生土长的麻怀人。1991年，19 岁的邓迎香经人介绍与原董架乡麻怀村翁井组袁端林恋爱，不顾家人反对嫁到了还未通电、通公路的麻怀村。出嫁那天，她走了两个半小时山路。电还没通，所以"洞房"里点着"花烛"。当时这里生活极为贫困，稻米不够吃，除了过年可以吃净米饭，其他时候只能吃硬硬的苞谷饭。有一些人家甚至到 5 月份就没有吃的，还要跟别人家借粮食。而邓迎香是个巧媳妇，她先把干苞谷泡软，用石磨推成糊糊，再掺进一点稻米，这样煮出来的苞谷饭又软又香。

麻怀四周环山，外出必须攀越悬崖峭壁，祖祖辈辈都吃够了交通不便的苦头。刚结婚不久的邓迎香和丈夫一起种菜、养猪，每天起早贪黑，尽管很辛苦，心里却对未来充满憧憬。然而，在横亘的大山面前，她一次次碰壁，邓迎香种出水灵灵的蔬菜想卖个好价钱，一大早背着背篓翻山，汗流浃背赶到集市时，菜就蔫了，只能贱价卖掉。山间有许多李子树，收获时节满山挂果，却没人愿意进山收，村民又背不出去多少，只能眼睁睁看着成堆的果子烂掉。村民杨正芳家最值钱的是一头牛，每次赶牛翻山去耕地时他都很担心，最后牛还是摔下了山崖。最苦的还是孩子，天不亮就起床，每天翻山去学校，一个来回就要 4 个多小时，孩子们累得上课直打瞌睡，成绩普遍不好。偏远农村求医难，在麻怀村求医更是难上加难。邓迎香的嫂子吴胜芬得了急性阑尾炎，村民砍了几棵手腕粗的树做成个木架子，抬着病人翻山越岭，才送上了等在山脚的急救车。在邓迎香眼里，那时的日子就是"坐井观天"。大家都知道，"要致富，先修路"，可是面对高耸的大山，路从何处修，大家想都不敢想。

1993 年，邓迎香与袁端林婚后的第一个男孩出生了，给这个贫困的家庭带来了无尽快乐。7 月的一个晚上，邓迎香 3 个月大的孩子高烧不退，她和丈夫打着手电筒，深一脚浅一脚疯了一样往山外的医院跑。奈何大山挡在面前，路途遥远，还没翻过山，孩子就在袁端林的背上停止了呼吸。紧搂着孩子小小的遗体，邓迎香号啕大哭。那漆黑的夜，那死寂的山谷，那崎岖的山路，成了她一辈子抹不平的伤痛。

　　痛失孩子的邓迎香和袁端林，决心逃离大山。袁端林去罗甸县城一家铁合金厂当合同工，每个月有 300 多元收入，比在老家务农强，至少可以顿顿吃白米饭了。可是城里花销大，不仅要租房，还要照顾相继出生的两个孩子。夫妇二人常常入不敷出。为了能多挣几十块钱，袁端林周末也不休息。邓迎香精打细算，连白糖也舍不得买，只在米糊里放一点糖精，让孩子吃起来有点甜味。2003 年，在外地拉焦炭的一个司机告诉袁端林，在煤洞挖煤能挣大钱。袁端林跟着他来到贵州省贞丰县一家煤矿，发现挖煤一个星期就能挣 500 元。他立马回罗甸辞了工，带着家人来到贞丰。这种改变给生活带来了立竿见影的效果。孩子们吃上了白糖，吃上了糕点、冰激凌，穿上了新衣。那年过年，他们提着大包小包，风风光光回到麻怀村。谁曾想，2004 年 6 月，煤洞发生瓦斯爆炸，袁端林不幸遇难。

　　带着一双年幼的儿女，邓迎香又翻过那座山，走过那条小道，回到那个穷村子，生活又回到了原点。面对这座大山，邓迎香萌发出了凿山开路的念头。

　　1999 年，国家实施农村电网建设，麻怀村因山高路险，电线杆和变压器没法运输，电网建设无奈搁浅。夜幕降临，别的村庄都有了亮光，麻怀村却依然沉浸在"漆黑"的原始状态。这期间，有村民无意发现一个溶洞，溶洞另一头连接山外。村民委员会副主任李德龙突发奇想："能不能打通溶洞，和山外连接起来？"说干就干。村委在请来技术人员现场勘测并画好标线后，便立即召开村民大会，村委打通山洞的想法和群众的心愿、梦想一拍即合。这年冬月初八，村民们开始凿洞，整个麻怀村群众在"村支两委"的领导下都被调动了起来。翁进组的村民负责打通暗洞、其他组的村民负责打通明路，原董架乡人民政府派人负责打洞爆破的安全事

◎ 群山围绕的麻怀村

宜。"麻怀村一定要开山通路！"这时的邓迎香虽是普通村民，却有着比任何人都强的决心。她积极响应加入第一批"挖洞大军"，抢起铁锤和乡亲们开始了漫长的凿洞之旅。

二、不要等、不要靠，我们自己干

开山在即，没有资金是一等难题。经过商议，村里有承包土地的村民就出资 15 元，总共筹集到 1350 元，主要用于买蜡烛、煤油和凿山的锤子和锄头。

在村干部的带领下，麻怀村群众开工凿山。

原来的溶洞只有几十米深，完全靠人工从山体岩石中再挖通 100 多米长的隧洞，谈起容易做起很难。一开始，邓迎香和村民们只能在狭窄的溶洞里跪着甚至趴着，一锄一镐地凿开岩石。由于空间狭小，大家都抬不起头，呼吸的都是煤油的味道，里面很闷热，汗水不一会儿就能浸透全身。

由于进度缓慢，难免有村民灰心抱怨，想停下来不干了。邓迎香虽然自己双手磨出了血泡，但她总是鼓励乡亲们宁可慢慢做也不要停，只要不放弃，总有凿通的时候。刚开始，打下来的石头都是村民用手相互传递到外面，打到山中间时就十分费力了。后来就想办法，找来宽度合适的木头，中间挖出一个能装石头的坑，以拖动木头来运送石头。由于没有技术人员，只能用"放爆竹听声音"的土方法确认打洞的方向。有一次，邓迎香和一些村民在山这边放爆竹，山对面的人听声音说感觉没有以前的距离近，这才确定洞挖歪了，只好从中间"扭"过去一节。正因为如此，麻怀隧道不是直的，而是弯的。

2001年1月28日的凌晨，全长216米的隧洞终于打通，电线杆顺利抬进了村，麻怀村终于通了电。原先出村子要花两个多小时，现在钻洞走只需要15分钟。此后，麻怀村民又多次施工拓宽隧洞。到2004年初，隧洞已能勉强通过摩托车和马车。从此，麻怀与外界的联系更加紧密，山间的新房也逐渐多了起来。邓迎香说："我们当时什么都没有，但是绝不能等、不能靠，我们自己干，也把山凿通了！"

◎ 开凿麻怀隧道

三、必须把狭窄的隧洞凿成大道

此后，由于没有经费，挖洞工程一度被迫暂停，不少村民只好外出打工。看到村民挖洞的激情戛然而止，邓迎香感到十分惋惜，但她没有气馁，她记下每个外出村民的电话，一旦经费有了着落，希望大家都能返家继续挖洞。

隧洞虽然已被挖穿，但低矮狭窄，最窄处不到 1 米，高不过 1.5 米，载重汽车根本无法通行。此外，隧道顶部经常掉石子，雨季隧道内积满了水，孩子们上学经常在坑坑洼洼的隧道里摸着水过，衣服裤子全被打湿……看着这一切，邓迎香心里很不是滋味。也是在这一年，邓迎香在外务工的丈夫因矿难丧生，撇下她和一双六七岁的儿女。面对突如其来的灾难，她不但没有被压垮，反而清楚地认识到，如果隧洞完全打通，村里发展产业有钱赚，丈夫就不会因外出务工而丧生。2007 年，邓迎香与同村丧偶的李德龙组建起新家庭，双方带着各自的儿女走到一起，过了一段平静的生活。后来发生的一件事打破了这种平静，让邓迎香终于坐不住了。

2010 年国庆，邓迎香在浙江打工的女儿李琼回村办婚礼，邓迎香忙里忙外，希望把女儿的婚礼操办得喜庆、热闹。但是，隧道不通汽车，外省的女婿来接亲的车队开到洞口就进不来了。那天李琼身着一袭洋气的白色婚纱，可是前一天刚下了雨，洞里淌着齐膝深的水，她不得不脱下皮鞋换上拖鞋，双手抓起婚纱，在洞里踉跄前行。高个子的新郎全程猫着腰。从洞里出来，一对新人已浑身是泥巴。正是因为有了这次经历，邓迎香有了"必须把狭窄的隧洞凿成大道"的想法。

四、既然做了带头人，就不能半途而废

女儿出嫁的那天晚上，邓迎香怎么都睡不着，女儿女婿的狼狈样、遭遇矿难的前夫、生病夭折的小儿子……多年来没路的辛酸苦痛全部涌上心头。邓迎香对李德龙说："一定要把隧洞再打高、再打宽，像真正的隧道一样，能通汽车。""你是痴人说梦吧？"李德龙被妻子的想法吓了一跳，并且向她说明现在很难召集起村民一起干。天一亮，邓迎香就挨家挨户去做工作。果然如丈夫所料，大多数村民并不支持邓迎香的想法。村民认为，人能通过就不错了，通不通车又有什么关系呢，哪家能买得起车？这一次，邓迎香真的没能说服村民，回到家里，邓迎香想放弃了。村里70多岁老人罗登芬听说此事后，赶到邓迎香家对她说："邓迎香，能打到哪儿就算哪儿吧，尽管我年纪大，我也要支持你！"受到罗登芬老人的鼓舞，邓迎香暗下决心不管多苦多累都一定要走下去。于是，邓迎香带着大锤和锄头，开始一个人开凿隧道。她从清理杂草开始，干了一个星期，在山洞边上住了一个星期。虽然工程进度比她想象的要慢得多，困难也要大得多，但是她一直没有放弃。后来，她的丈夫也帮助邓迎香一起凿洞，并建议还是动员大家一起干。当时，邓迎香担任村里的计生专干，她尝试用村干部的身份再次组织村民商量这件大事。

第一次开会，50个人足足吵了4个小时。说到底，还是没信心。

第二次开会，一些原先同意的村民又反悔了。邓迎香只得挨家挨户上门做工作，给大家算账：如果大卡车进村，就能收活的牲口，就能多卖不少钱。谁家想建房，运输成本可以降一半，东西还能拉到家门口。

在这期间，恰逢在福建务工的小伙子任毅带上媳妇回乡，家里新购置

了宽 1.5 米的席梦思床垫。
经过洞口的时候，大家却
犯了难，隧道只有 1.3 米，
硬要过去的话这新床垫肯
定要被刮坏。没办法，大
家抬着床垫走原来的山路
才把席梦思运回家。邓迎
香见状，趁热打铁跑到任
毅家做思想工作，于是又

◎ 当地村民开车驶出麻怀隧道

说服了一家。但只凭苦口婆心劝说，改变主意的村民少之又少。

第三次开会，邓迎香使了"狠招儿"，宣布谁干谁受益，将来隧道完工后要装扇大铁门，平时锁上，只给打洞的人发钥匙。

第四、第五次会议后，终于所有人都同意了。

那么，钱呢？设备呢？邓迎香决心使用机械设备，土办法毕竟效率太低了。她和李德龙找到乡里，跟着乡干部去县上找资金。李德龙耳朵不好，邓迎香不会写字，因此两个人常常要一起"化缘"。没有路费，他们就卖家里的米；没钱住宾馆，他们就给人家干活，坐在人家沙发上睡一整夜。县环保局领导听说此事，觉得这个女子不简单，给了 3 万元资助。再加上邓迎香自家垫付的一万块，她和几个村民买来一辆二手拖拉机，又租了空压机，买了炸药。

2010 年农历十月初八，邓迎香带着村民们搞了个像模像样的开工仪式。邓迎香发誓，就是用手挖、用牙啃，也要啃穿一条路！大伙点了鞭炮。邓迎香和丈夫一人带一队，从洞两头同时开工，工地上热火朝天。

消息越传越广，"农村妇女凿隧道"的壮举，震动了大山，也震动了

◎ 邓迎香朝着麻怀隧道深处走去　　　　　　◎ 麻怀隧道内部

很多人的心。社会各界被邓迎香和村民们坚忍不拔、锲而不舍的"愚公移山"精神所感动，越来越多的力量加入了邓迎香的队伍：罗甸县民族宗教事务局资助 5 万元，罗甸县民政局资助 3 万元，住房和城乡建设局资助 6000 元，罗甸县残疾人联合会资助 3000 元，罗甸县中等职业学校资助 2000 元，罗甸县中心血站资助 2000 元，罗甸县人民政府资助 5000 元。罗甸县财政局给了 4 吨水泥，罗甸县林业局给了 10 吨水泥，罗甸县水务局给 20 吨水泥。邓迎香与李德龙还动员在外地经商的女儿女婿，捐助 1 万元资助扩洞工程。5 个在县城开货车的麻怀人赶来无偿拉渣土……不仅翁井组，麻怀全村的劳动力都调动起来了，总共 400 多人。而邓迎香和女儿在自家煮饭给大伙儿吃，每天三五十斤米，都自己掏腰包。

　　由于邓迎香、李德龙夫妻有时双双外出"化缘"，有的村民却认为邓迎香家少做了一份活路，本着"舍小家顾大家"的想法，邓迎香让 14 岁的小女儿替自己去补工天，干了一段时间，女儿的手全是血泡，就像六七十岁老太婆的手。邓迎香晚上回家，只见女儿手掌有了裂纹，手背上道道伤痕，心痛得直掉眼泪。邓迎香的女儿也有过疑问："我们家房子都盖好了，为什么还要凿洞？"邓迎香对女儿说："既然妈妈做一个带头人，就不能半途而废！"

2011年8月15日，施工接近尾声，为了能在第二天赶集之前顺利让面包车通过，邓迎香带着村民干到了凌晨2点，连夜将水泥掏出洞外。8月16日，麻怀村终于等到了通车这一刻。那天，邓迎香在这条隧道里又哭又笑，走了很多趟。此时，隧道宽度增加到4米，高度增加到5米，能够通过十来吨农用车了。

2014年底，罗甸县交通部门整合资金180多万元，对麻怀隧道做了加固维修，并硬化了通村公路。便捷平坦的水泥路，圆了深山里村民世世代代通达村外的梦想。麻怀村以及邻近田坝、甲哨等6个村民组，数千名村民的出行难问题得到彻底解决，为麻怀村脱贫奔小康奠定了重要基础。

据不完全统计，麻怀隧道自动工以来，共燃烧蜡烛2300多支、煤油100千克，村民投工5800多个，凿出炮眼2000多个，挖出砂石约1.5万立方米。

五、路修好了还是穷，怎么办

尽管隧道通了，但村民的生活水平还很低，大多数人仍然在贫困线边缘生活，外出务工是村民最主要的收入来源。

一个敢于抢起铁锤挖隧道的女人，面对大山，邓迎香毫不畏惧，面对"拔掉穷根"，她也是充满信心。2014年，党中央吹响了打赢脱贫攻坚战的冲锋号，邓迎香当选为麻怀村委会主任，脱贫的重任落在了她的肩上。这

◉ 麻怀村村民在采摘
黑皮鸡枞菌

时，村里基础设施还很薄弱，村民的生活水平还很低。"既然大家信任我，我就一定要带大家脱贫致富。"在村民代表大会上，邓迎香坚定地说。她首先从基础设施做起，继续修缮村里的路。"为什么路修好了，我们村还是这么穷？"邓迎香经常带着这个疑问，外出学习。她明白，以前修路是为了生存，现在要进一步发展产业，才能带动老百姓致富。

在发展产业之初，凭着一股不服输的"愚公精神"，邓迎香四处考察，寻找适合村子发展的项目。她看准的第一个项目便是麻怀村生态黑毛猪养殖产业，第一批黑毛猪出栏取得了很好的反响，邓迎香还决定进一步扩大养殖规模，让麻怀村的生态无公害猪成为消费者的首选。在隧道口的一块土地上，邓迎香引来客商合作试种铁皮石斛。2014 年 9 月，麻怀村盖起了第一个大棚，种植 18000 多株铁皮石斛。2015 年 9 月，村里又盖起了岩黄连药材种植大棚，计划种植面积 100 多亩，同时计划种植刺梨 200 到 300 亩。她苦口婆心地说服村里的几个"能人"拿出手头积蓄，办种植专业合作社。为了鼓励村民将土地流转给合作社，邓迎香给老百姓们算了一笔账：

"一亩地可以收一千斤稻谷，把成本去掉，根本赚不到什么钱。如果将土地流转，不仅能拿租金，还可以到合作社打工赚钱。"2016 年，在邓迎香的带领下，麻怀村办起第一个种植专业合作社。参加的群众不仅拿到土地流转金，到合作社务工挣钱，年底还能得到分红，全村的群众都被调动了起来，合作社规模不断扩大，村民的收入最少的也翻了一番。

走出了产业增收的第一步后，邓迎香便利用在外务工村民返乡过年的机会，号召大家回乡创业。麻怀村常年在外打工的有 260 多人，在她的动员下，有 240 多人回乡创业抱团发展，村民袁端胜、邓鹏、汪俊就是返乡青年中的代表。2016 年，一直在福建务工的袁端胜回麻怀村过春节。邓迎香知道后多次上门做工作，讲政策、谈变化，最终说动了袁端胜回乡创业。如今，他是罗甸创达养殖专业合作社负责人，主要种植大球盖菇、饲养黑毛猪，还带着村民一起致富。

2017 年，麻怀村党支部在原迎贵专业合作社的基础上，成立了贵州迎香生态农业发展有限公司，采取公司投资引领、农户参股分红方式等发展模式，夯实村集体经济，优化产业种植结构。公司发展鹌鹑养殖 18 万羽、黑毛猪养殖 1200 头、香菇种植 12.8 万棒、黑皮鸡枞菌种植 15 万棒、羊肚菌种植 2.8 亩、中药材种植 270 亩；带动农户发展乡村农家乐，接待游客5000 余人次。

2018 年，贵阳市农业农垦投资发展集团有限公司入驻麻怀村，按照"龙头企业＋基地＋村集体＋贫困户"的模式，投资 500 多万元发展食用菌产业。采取土地所有权、土地使用权、土地经营权三级分红和群众劳务分红的方式，与当地群众建立利益联结机制，通过"传带帮"的方式培养自己的技术人才，让贫困户实现就近就业、增加收入。自此，麻怀村开启"联市共营"之路。

"产销产销，没有销路可不行。"产业稳了之后，邓迎香靠着"厚脸皮"辗转联系上了中商惠民电子商务有限公司董事长张一春，向张一春发出邀请，让他出任麻怀村"名誉村长"，为麻怀村打开了"联市共销"的渠道。就这样，麻怀村的农特产品搭上了销售快车，借助中商惠民在全国的社区超市、便利店资源，通过"农超"对接落实产业扶贫，帮助村里特色产品如黑皮鸡枞菌、羊肚菌等特色农产品实现了商业化、产业化发展。

2020 年 2 月，麻怀村引进 500 万投资注册了贵州迎香食品有限公司，建成一条辣椒制品生产线，"邓迎香辣椒"日产量 10000 瓶，均送往中商惠民在全国的社区超市、便利店进行销售，市场反响好，产品供不应求。生产线所需的原材料除了向麻怀村及周边村寨收购，还辐射到了罗甸县周边地区。邓迎香在接受采访时说："作为新时代的全国劳模，在力所能及的条件下，我有责任有义务带领更多的人一起致富。"

在基础设施建设上，罗甸县派出分管党建工作的县委常委领衔，派驻第一书记坐点调度，仅用 3 个月的时间，600 平方米党员群众活动中心、3000 平方米群众文化广场、老年活动中心、图书阅览室、"麻怀干劲"陈列室、公厕等基础设施便完成并投入使用；全村改水改厕 113 户，安装 4G 移动基站 2 座，进村入口绿化及亮化、荷池洞天及入口停车场永久性征地 45 亩；扩建约 5 公里长的通村公路，新建通组水泥路 3.8 公里，串户路 4.8 公里，实现了全村小康路全覆盖。几年来，麻怀村先后被评为省级文明村、贵州省爱国教育基地、贵州省党建扶贫示范基地，被列为贵州省委党校、贵阳市委党校、黔南州委党校、贵州大学党员教育实践基地。

如今的麻怀村，村庄环境变得越来越美，产业发展势头越来越强，人们的精气神也越来越好，全村正向着"产业兴旺、生态宜居、乡风文明、治理有效、生活富裕"的美丽乡村建设新格局大步前进。

六、大手拉小手，带动周边一起致富

　　邓迎香在带领村民脱贫致富的同时，也关注着村里的方方面面。麻怀村的村民们都说，"女愚公"不仅会移山，还是个"管家婆"。只读过小学的邓迎香深知教育的重要性，她常说："以前我们没有条件读书，现在不能让孩子们不上学，走我们的老路。"路通之前，麻怀村的孩子要走两个小时山路去学校，特别是冬天，孩子们不得不五六点钟就起床，打着煤油灯上学。因此，村里的孩子大多 10 岁左右才能上学，不少因为年龄太大干脆放弃上学。

　　2014 年，她在村里成立了"草根助学基金会"，协调社会力量对村里贫困学生进行资助。打通隧道之前，麻怀村没有一个大学生；2010 年，村里出了第一个大学生；现在，村里已经有几十个大学生了！在邓迎香的带领下，今天的麻怀村，已经成了远近闻名的脱贫村。农民人均纯收入从 2009 年的 1500 元，提升到 2015 年的 8120 元，不少村民开上了轿车，80% 以上的村民住上了新房，村里有了文化活动场所，精神面貌焕然一新。邓迎香十分感慨："我们打隧道打了 13 年，2 米长的钢钎磨损到只剩 2 尺长，20磅的铁锤只剩 8 斤重。但是，如果当初没有打隧道的决心，现在的这一切都还只是一个梦。"

　　2017 年 10 月 19 日，在习近平总书记参加党的十九大贵州代表团讨论后，十九大代表邓迎香向习总书记发出口头邀约，希望总书记能够到麻怀村看看村子里的变化。"习总书记来了看什么？""如何把迎香生态农业发展有限公司做大做强？""如何带动周边村民共同脱贫致富？"这些问题萦绕在邓迎香心头，久久不散。习近平总书记在十九大报告中提出要大力实施乡村振兴战略，让她看到了麻怀村发展的新机遇。邓迎香一边宣讲党的十九大精神，一边和村干部一道谋划麻怀村未来的发展规划。

邓迎香将周边民进村、田坝村、联合村等几个村的群众也"团拢"起来，采取联合党组织的方式把基层党组织做大，把村集体做强。2018年1月，麻怀村牵头成立"1＋3"联村党委，下辖麻怀村、民进村、田坝村、联合村，居住人口共计4746人，由邓迎香出任第一任麻怀联村党委书记。

要联合、要发展，没有路可不行。邓迎香便找县里要支持、找企业去"化缘"。为了修通往麻怀村的路，邓迎香和丈夫蹲守在县政府会议室外，等领导开完会后反映情况，3个小时过去了、4个小时过去了……丈夫没熬住先行离开，留下固执的邓迎香继续蹲守。领导为邓迎香的坚持所感动，这才在了解诉求后为之协调解决了40吨水泥，调动了20台挖掘机。不久后，一条长3公里多的路通到了小田坝组，那里的村民们种上了辣椒；一条长两公里多的路通到了摆台组，村民养上了黑毛猪；那条通往麻怀村长8公里宽4米的路拓宽至6.5米，可容大货车通行，麻怀村的香菇种植面积从30亩扩大到了70亩。

自2018年麻怀村开始大棚种植食用菌至今，村民在基地领取的务工费一共42万余元。在邓迎香的带领下，麻怀联村党委规划好了产业布局，在原迎贵专业合作社的基础上，成立了贵州迎香生态农业发展有限公司，注册"邓迎香"品牌，采取公司投资引领、农户参股分红方式等发展模式。因地制宜推进了香菇、药材种植，鹌鹑、黑毛猪养殖等乡村产业，组织各村能人带头发展，开展餐饮服务、乡村旅游、劳务输出等工作。

从2011年以来，邓迎香的事迹先后被中央及省内各级媒体刊载报道。从2011年至2014年，邓迎香先后五次被乡、县、州三级党委授予"优秀共产党员"荣誉称号；2013 年 7 月，她和中国杂交水稻之父袁隆平、联合国世界粮食计划署等 10 位个人和机构一起登上中国扶贫与公益慈善领域最有影响力的奖项之一——"中国消除贫困奖"的领奖台，从国务院副总理汪洋手中接过"第四届中国消除贫困奖感动奖"奖牌；2014 年 2 月、10 月，她又两次在北京人民大会堂先后被授予"全国三八红旗手标兵"和"全国社会扶贫先进个人"荣誉称号，受到时任国家副主席李源潮和汪洋副总理的亲切接见；2014 年 3 月，在"贵州妇联六十年巾帼共筑中国梦"——全省妇女先进典型表彰大会上，她受到时任贵州省委书记赵克志亲切接见；2014 年 7 月 25 日，赵克志亲临罗甸县麻怀村现场考察邓迎香带领群众修建的"麻怀隧道"，并与她合影留念。邓迎香同志执着、热心、甘愿奉献，敢想、敢为、敢于担当，自愿带头，携夫共创人间奇迹，为当地老百姓办了一件"惊天地，泣鬼神"、"感召当代，流芳百世"的大好事大实事。2014年 1 月，她被广大群众一致推选为罗甸县沫阳镇麻怀村村委会主任；2014年 2 月，她被中华妇女联合会评为"全国三八红旗手"；2016 年 7 月，她被评为全省、全国"优秀共产党员"；2017 年 10 月，邓迎香当选全国十九大代表，2019 年 10 月荣获"最美奋斗者"称号，2020 年 11 月，荣获"全国劳动模范"称号。

以邓迎香为代表的麻怀人，在长期砍山凿洞、战天斗地的实践中，孕育了一种"不等不靠、敢想敢干，齐心协力、攻坚克难"的"麻怀干劲"。这种干劲通过邓迎香的辐射影响，已成为激励贵州全省广大干部群众的精神力量。

功成不忘报春晖的"花甲校长"：吴万辉

吴万辉，男，汉族，1958 年生，贵州省罗甸县人，中国共产党党员，北京师范大学教育经济与管理硕士研究生，北京市首批中学正高级数学特级教师。1999 年荣获"全国五一劳动奖章"。曾在北京工作 17 年的他始终心系故土，年过六旬毅然决定返乡为家乡教育事业做贡献，退休后仍作为罗甸县第一中学校长坚守在教育岗位，用他厚实的肩膀扛起了山里学子走向世界的梦想。

一、长在罗甸，为教育理想而奋斗

吴万辉老师的第一学历并不高，1974 年他高中毕业后就成为一名农村民办小学教师。1978 年毕业于贵州省黔南"五七"师范大学物理系，1985 年加入中国共产党，1986 年毕业于贵州师范大学数学系，1988 年被评为"中学数学一级教师"，1993 年被评为"中学数学高级教师"，1997 年取得全国高等教育自学考试政治经济本科文凭，1998 年被评为"中学数学特级教师"，2002 年取得北京师范大学经济管理硕士研究生文凭。

◎ 吴万辉

　　1974 年至 1976 年在罗甸县云干乡八木村民办小学任教，1980 年至 1984 年在贵州省罗甸县罗悃区中学任教，历任学校团支部书记、数理化教研组组长；1986 年至 2001 年在贵州省罗甸民族中学任教，历任罗甸民族中学数学教研组组长、教导处副主任、副校长兼教导处主任、党支部纪检委员、副书记、党总支副书记、校长兼书记、学校勤工俭学有限责任公司董事长兼总经理；1994 年至 2001 年兼任罗甸县教育局副局长、党组副书记；1998 年至 2001 年兼任罗甸县城镇开发工程建设指挥部常务副指挥长、罗甸县城镇开发有限责任公司常务副董事长兼总经理。2001 年 8 月在北京市人民政府面向全国公开招聘十名特级教师中被选中并分配到北京市第八十中学任教。

多年来，吴万辉一直思考着这样一个问题：人的一生应当怎样度过呢？他一直比较认同尼古拉·阿列克谢耶维奇·奥斯特洛夫斯基的那句名言，并把它套用为自己的座右铭——"当回忆往事的时候，不会因虚度年华而悔恨，也不会因碌碌无为而羞愧；在生命的尽头，可以自豪地说，我的整个生命和全部精力，都已经献给了太阳底下最光辉的事业——为教育理想而奋斗。"

如果一个人的人生之舟不知驶向何方，那么，他的航行将是痛苦和徒劳的。吴万辉常想：我的人生之舟，就是一生能为家乡的教育做点微薄奉献！

二、身在北京，心系家乡报桑梓

◎ 吴万辉在表彰大会上发言

2001年夏末，因工作需要，吴万辉去到北京工作，一走就是17年。北京有着无比丰富的学习资源和优秀的交流对象，吴万辉的专业素养、教学技能和学术视野很快有了较大的提升和拓展，并逐渐在名师荟萃的首都教坛有了自己的一席之地。2016年11月，吴万辉被评为北京市首批正高级教师。17 年间，他通过自己的不断努力，成为全国教育科学规划基础教育课题组评审专家、香港国际教育研究院院士、贵州师范大学客座教授及硕士生导师、北京市第八十中学督导室主任。17 年来，虽然一直在北京，但吴万辉并没有忘记自己的家乡。

在北京 17 年里的每一天，思乡之情经常在夜深人静的时候强势来袭，每当此刻，他都会不自觉地想起李白的诗句："举头望明月，低头思故乡。"也会不自觉地吟诵余光中的《乡愁》："乡愁是一枚小小的邮票，我在这头，母亲在那头。"每逢此刻，吴万辉都会泪流满面。或许艾青的《我爱这土地》最能表达他的思乡之情："为什么我的眼里常含泪水，因为我对这土地爱得深沉。"

罗甸是吴万辉的根，根之所在，魂之所牵，梦之所绕，情之所依。他常想，该为这片生我养我的故土做点什么呢？富人可以用钱回馈家乡，而吴万辉，一介书生。一个清贫的教师能做什么呢？对他的家乡而言，教育，是他与家乡连接的纽带、交流的核心。

2011 年 9 月 9 日，吴万辉荣幸地得到了时任中共中央总书记胡锦涛的亲切接见。当时胡锦涛同志对教育部的领导说："能否把北京的优质教育资源带到我曾经工作过的贵州和西藏，为老少边民族地区的教育扶贫做点贡献。"胡锦涛总书记的话在吴万辉的脑海里留下了深刻的记忆。为顺应国家脱贫攻坚的大潮，让他的家乡也能够享受到北京丰富优质的教育资源，吴万辉积极牵线搭桥，2011 年 11 月，促成了罗甸县教育局、罗甸县人民政府与北京市八十中学等单位签订了教育帮扶协议。

从 2012 年起，经吴万辉牵线搭桥，北京市第八十中学开始对口支援罗甸教育，先后对罗甸县民族中学等多所学校进行帮扶。2012 年 7 月，北京市第八十中学校长田树林亲自带队来到罗甸支教，开启了北京对口支援罗甸教育的先河。北京市第八十中学及其分校先后与罗甸县民族中学、罗甸县第一中学、罗甸县罗悃中学、罗甸县第四小学、罗甸县沫阳民族小学、罗甸县边阳镇边阳中学签订了对口支持帮扶协议；北京中医学院附中对口帮扶罗甸二中。

他们或组团直接来罗甸支教，或帮助罗甸培养师资，或捐钱赠物。

自 2012 年起，北京市第八十中学每年选派特级教师、骨干教师到罗甸支教，已累计超过 200 人次。其中，由吴万辉亲自带队到罗甸县第一中学、罗甸县民族中学支教就达 72 人次。

自 2013 年起，北京市第八十中学每年为罗甸培养骨干教师及校长 40 人以上。其中，罗甸县第一中学已有 100 多位教师到北京市第八十中学参加过为期半个月的跟岗培训。

自 2015 年起，北京市第八十中学每年资助罗甸县第一中学家庭贫困的优秀学生 50 人，已累计超过 200 人次，资助金额达 40 余万元。此外，还为罗甸县第一中学图书馆捐赠 30 万元的图书和两台价值 10 万元的服务器。

及至 2019 年 8 月，北京到罗甸县第一中学指导高考培训的专家达 65 人次，到罗甸县民族中学、罗甸县第四小学等学校指导的相关培训专家共计 230 余人次；促成罗甸教育系统到北京培训的教师超 300 人次，其中，中小学校长培训 50 余人次。教育部国培专家、北京市特级教师易仁荣说："在所有北京的外省籍特级教师中，吴万辉老师是最关心家乡教育的人！"

在帮扶的过程中，吴万辉越来越深有感触，这样的帮扶模式能给罗甸的教育带去一定的帮助，但始终是杯水车薪。2018 年，已过 60 岁的吴万辉在即将退休之际，决定响应号召，回到罗甸帮助家乡教育发展事业。

三、砥砺前行，桃李之花开更艳

2018 年，在吴万辉花甲之年，他接到来自北京、云南、海南等地多所学校高薪聘去做校长的邀请，同时也收到了来自家乡罗甸的橄榄枝。吴万辉毅然决然地选择了家乡——罗甸，尽管她没有像其他地方那样丰厚的待遇。

这，就是乡情；这，就是初心；这，就是使命！

2018 年 7 月，应罗甸县委、县政府的邀请，并得到北京市第八十中学领导的支持，吴万辉以支教教师的身份回到了家乡，受聘为罗甸县教育专家顾问、罗甸县第一中学校长。

"县委县政府相信你能带领罗甸一中突破瓶颈、实现跨越，引领罗甸教育尤其是高中教育找到新方向、迈上新台阶。"吴万辉知道，时任县委书记杨朝伟这句话包含着深切的信任和期许。

深受重托，带着初心，背负使命，吴万辉重新踏上罗甸这块教育的热土。

罗甸是一个偏僻的贫困县，资源有限。如何利用有限的资源，引领罗甸县第一中学突破瓶颈、摆脱困境、实现跨越？他做了长时间的深度思考、求解……

回乡后，有着丰富教学经验的

◉ 与书相伴的吴万辉

◉ 吴万辉（左二）与学生合照

吴万辉，逐层深入地从生源拓展、学校管理、师资力量培养等方面给罗甸县第一中学带来了全新变化。为了尽快了解"一中"校情，吴万辉就任校长的当天下午至晚上，连续召开了 5 个会议，与领导班子会谈，与中层干部会谈，与老、中、青教师座谈。随后，他在全校开展了主题为"解放思想，振兴一中"的大讨论活动，充分发扬民主精神，鼓励百家争鸣，汇成主流意见。这次活动得到了全校师生的积极响应和参与，并收到了大量的宝贵信息。

通过调研和分析，吴万辉发现主要有四大问题制约着罗甸县第一中学的发展：一是管理粗放；二是定位不准；三是人心散漫；四是师资薄弱。

这些问题涉及一系列根本性和方向性的问题，那就是：办什么样的学校？培养什么样的人？营造怎样的风气？

基于校情，立足实际，着眼时代，面向未来，吴万辉提出了"改革驱动，创新引领，精细治校，追求卓越"的发展思路，开始了一系列改革。经过一年多的努力，吴万辉没有辜负罗甸人民的期望。

一是"读"具匠心办教育，人文关怀启新航。

春天之所以怡人，是阳光给予大地无限的生机；校园之所以美丽，是园丁在阳光下辛勤耕耘；人心之所以凝聚，是因为师生都有一个共同的愿景，那就是让"一中"变得更美好！因此，为了让广大师生能够体会到学校的人文关怀，吴万辉从细微处入手，致力于创设一种清新的人文环境。

首先，建立教师餐厅，向老师提供了从周一到周五丰富的可以不重复的自助早餐，向有晚自习及值班老师提供免费自助餐。

其次，引进资金170万，实现了每个教室和办公室都安装直饮水设备一台，解决了全体师生员工的饮水问题；引进资金160万，修建了全省中小学最大的校园书吧，并全天候开放，有效弥补了学校图书馆开放时间不足的问题。

再次，学校自筹资金15万元，修建了集健身、舞蹈、卡拉OK、棋牌、乒乓球、台球等多种功能为一体的教师活动中心；完善了党员活动中心、教师书吧和教学区6个学生书吧。同时，还组织全体教职工免费体检。

最后，坚持给每一位老师发送生日祝福短信，做到了"题名对联，一人一副"。一年来，吴万辉为老师们书写生日祝福对联360副，教师生日当天会把蛋糕和鲜花送到老师的手中。"生日文化"已成为罗甸县第一中学一道靓丽的风景线。

二是名师进校献秘诀，科学发展促提高。

"问渠哪得清如许，为有源头活水来。"教育很需要"活水"，这个活水就是引进外部资源。吴万辉充分利用先进地区优质教育资源，先后邀请北京和贵阳的特级教师、教学名师，对高二、高三学生进行精准培训。在吴万辉的组织下，罗甸县第一中学在 2018 年、2019 年连续举办第一届和第二届"贵州省高中数学'一课一题·多解变式'教学研讨会"，来自全省 9 个高中数学名师工作室及 24 所高中名校的 36 位教师参加了课堂展示，与会专家对罗甸县一中学老师的表现给予了很高的评价；在国培专家易仁荣的指导下，罗甸县第一中学"英语模块教学法"全面铺开。

学校教师编著的《高中语文研究性学习》等 17 部著作由华东师范大学出版并公开发行，为学校的教科研历史添上了浓墨重彩的一笔。

为引进先进的教育资源，罗甸县第一中学先后与北京市第八十中学、贵阳市第一中学等多所名校开展校际交流活动。罗甸县第一中学的师生享受了首都和贵州的优质教育资源。教师教育科研成绩喜人，国家级课题立项 1 个，省级规划课题立项 4 个，是全省中小学立项最多的学校；州级规划课题立项 18 个，是全州中小学立项最多的学校。2020 年 12 月，学校有 14 个州级课题成功通过初次结题评审。全校累计获州级以上奖励和奖项 90 余项。吴万辉校长本人继 2018 年荣获第二届国家级教学成果二等奖和黔南州首届"不忘初心好老师"荣誉称号后，2020 年 9 月再次荣获贵州省第五届中小学教学成果一等奖。

三是拓宽渠道筹经费，智慧校园见成效。

教育是一种最好的投资，因为它是造福千秋万代的事业，它功在当代，利在千秋！在县教育局的大力支持下，吴万辉多方筹措建设经费，努力改善了办学条件。

一方面争取贵州省专项资金 1380 万，修建了科学实验中心；争取贵州省专项资金 360 万，新建了多媒体教室 90 间、校园电视台 1 个、直播教室

4 间，能同时满足 3 个年级的教学直播需求；争取贵州省专项资金 155 万，改建和扩建了教学区校园文化等设施。

另一方面是引进资金 110 万，新建学校正大门 22 个通道和西门两个通道脸谱识别系统，实现全校师生识别脸谱进校和离校，信息技术与学校管理的深度融合初见成效。

另外，吴万辉还组织召开全校近万人的家长大会。曾有意前往外地就读的优秀中考学子逐渐回来了。"扁平化管理"模式成为罗甸县第一中学管理的新亮点；校务委员会的成立让学校的管理更加透明；学校成立党委会，把支部建在教研组，成为学校党建工作的新特色；人力资源处、信息技术处、学生宿舍管理处的增设让学校管理更加精细化。吴万辉还在罗甸县第一中学推行了人性化的教师队伍管理模式，让教师更有职业荣誉感。

◎ 吴万辉（左三）与毕业生合照

为了让"一中"学子们开拓视野，领略真正的大师风采，吴万辉利用自身的优质资源，陆续邀请了北京市特级教师易仁荣、喻祖权、党为民、宋景田、郎晓鸿、姜连国、杨海金、王恒等为高三学生进行高考素养提升培训。他亲自带领高一卓越班的新生前往北京研学，在北京市八十中学听课，在清华、北大校园里感受，在故宫博物院里沉思。研学归来，学生们写的研学报告，精心制作的 PPT 展示，让家长和老师们大开眼界，学生学习热情不断提升。

在吴万辉的带领下，罗甸县第一中学 2019 年高考成绩创历史新高。一本上线 198 人，比 2018 年增加 68 人；二本上线 528 人，比 2018 年增加 52 人；本科上线 726 人，比 2018 年增加 120 人。其中文科最高分 678 分，全省排位 25 名，黔南州排名第一名。共考取"C9 联盟"大学 2 人；考取985 院校 16 人，比 2018 年增加 8 人；211 院校录取 59 人，比 2018 年增加了 38 人；各项指标均创罗甸县第一中学历史新高。

2020 年，罗甸县第一中学 1300 名学生参加高考，本科上线 839 人，比 2019 年增加 113 人，首次突破 800 人大关；本科上线率 64.53%，首次突破 60%，居黔南州 12 个县市之首。罗甸县第一中学荣获黔南州 2020 年学校教学质量评估一等奖。

四、花甲校长强斗志，红水河畔笑春风

吴万辉不是一个安于现状者，但却是一个乡情很浓的人。他喜欢挑战、喜欢突破、喜欢超越。带着发展家乡教育的初心，怀着助力家乡教育的使命，他追求着、实践着。那些过往的荣誉和奖项，铸就了吴万辉为家乡教

育做更好奉献的坚实基础，也坚定了他助力家乡教育发展的信心和决心，鞭策着他不忘初心，牢记使命，砥砺前行！

吴万辉作为一名中学校长，但他始终记得他的身份首先是一名教师，他热爱课堂，每周至少要花 8 个课时为高三学生培优辅差。在他看来，作为校长不仅要成为学校发展的引领者，还要成为课堂教学的示范者。他认为，真正的教育家追求的是教育的本真，服从于他的使命，愿意投身于他所爱的事业。

在吴万辉 40 多年的教育教学生涯中，思想不断变化，视野不断开阔，但对家乡教育的那颗初心、那份使命始终没变，对教学的那种执念、那份情怀始终依旧。作为一个黔南人、一个罗甸人民的儿子，吴万辉始终以一颗赤诚的心，用朴实的行动回报桑梓、回报社会；把余生的光辉撒在罗甸的土地上，传递爱的教育和爱的温暖。因为他爱这片土地，爱得那么深沉！

对于整个黔南州教育而言，吴万辉的工作只不过是针尖的一滴水滴向大海，微不足道。但是，作为一个花甲之人，哪怕只是一朵落红，他愿化作春泥，去呵护家乡的教育。

走进如今的罗甸县第一中学，听到的是莘莘学子欢快的笑声，感受到的是教职工奋斗的精气神。在吴万辉的带领下，罗甸县第一中学已经扬帆起航，不停地向生态教育品牌学校靠近。

山区留守儿童的"汪妈妈"：汪付珍

　　汪付珍，女，布依族，1965年7月生，中国共产党党员，祖籍四川荣县，大专学历。贵州省特级教师，贵州省小学名校长，贵州省罗甸县第四小学校长。从1985年8月成为一名教育工作者，20多年来，她通过不懈的努力和强烈的责任感教书育人，不仅桃李满天下，罗甸县第四小学也有了崭新的变化，取得了显著的成绩。从2000年开农村寄宿制管理学校的先河至今，历经"三次搬迁"，学校环境越来越优美，教育设施设备越来越完善，办学与寄宿规模越来越大，教学管理越来越精细，罗甸县第四小学已成为山区里留守儿童们最温暖的"心灵家园"。汪付珍的不懈努力赢得了丰硕的荣誉：2014年10月，被国务院评为"全国民族大团结劳模先进个人"；2015年5月，被评为"贵州省先进工作者"；2016年7月，被评为"全省优秀党务工作者"；2017年5月，荣获"全国五一劳动奖章"；2019年11月被贵州省教育厅评为"贵州省小学名校长"。

一、把一个简陋的"村小"打造成全国文明校园

罗甸县第四小学创建于 1914 年，由一所村级小学历经 3 次搬迁、5 次更名发展而来。前身是解放之前兴办的和平小学，原址在城郊五星村布吉组，2001 年更名罗甸县龙坪镇第四小学，2012 年 8 月再次更名为罗甸县第四小学。

罗甸县第四小学的寄宿制办学可以追溯到 2000 年。1999 年 8 月汪付珍担任罗甸县第四小学校长，当时还叫和平小学，在罗甸码头南面的山包上，是一所不足 200 名学生的村级学校。学校占地面积 7267 平方米，有两栋教学楼、14 个教学班，22 位教师。在此之前，她当过村小老师，先后在罗甸

◎ 罗甸县第四小学老校址图片

县中南部的罗苏乡沿河小学、罗悃镇民族小学、龙坪镇落脚河小学和罗甸县第三小学任教。

上任之初，由于资金紧缺，起点低，学校除了教学楼外其他设施全无，尤其是操场，晴天尘灰满天，雨天泥淤遍地，学生像生活在泥土当中，灰头土脸的。教室里除了桌椅、黑板外什么也没有，如同白纸一张。

面对重重困难，汪付珍没有因此而畏难、停步。她从整顿教师队伍开始，凝聚大家的力量，秉持"只要精神不滑坡，办法总比困难多"的理念，千方百计想办法，方方面面求帮助，用行动感化村民，得到了上级领

◎ 罗甸县第四小学今貌

◎ 汪付珍

导以及村民委员会的资金援助。有了外力的推动，汪付珍的干劲更足了。在她的带领下，全体教职员工一边上课，一边搞校园建设。为了节约资金、加快进度，他们自己规划绿化区，自己动手砌花池、砌垃圾池、平整校园场地、铺设小道、栽种花草、施肥、剪枝等，亲自上山找树木移植到校园内。

　　2002年9月，是植树的季节。周末，汪付珍带几个男老师到坡上挖树苗，返回时由于坡陡，摔了一跟斗，滑了3米多远，裤子被划破了一大块。她没顾及什么，就把上衣外套脱下，围起来，继续把树苗扛到学校，直到天擦黑才栽完。当她拖着疲惫不堪的身躯回到家门口，她爱人见状，说："别人围腰儿拴在前面，你怎么围在后面啦？"她哭笑不得地回话："把命保住就不错了。"

　　2000 年，"两基"攻坚全面铺开，邻近的交谷村教学点，因租借来用作教学楼的民房垮塌，68 名一到三年级的学生并入"四小"。交谷村到"四小"路途较远，学生上学需家长护送，很多家庭条件差的学生只得辍学在家。

　　汪付珍叫上学校的老师，一起走访交谷村，挨家挨户给村民做思想动员工作。"有些有女孩的家庭，要动员家长继续送孩子读书，难度很大。"走访中，她没少遭白眼，有些家长把她当仇人一样，不过她心里无私无畏因而坦坦荡荡，仍然和颜悦色地与对方说话。"也有生闷气的时候。可是转念一想，就当这些都是我自己的孩子，我自己的孩子能不能不读书呢？自然不能。"汪付珍一面开解自己，一面继续动员交谷村的群众。

◎ 早期的学生食堂

◎ 早期的学生宿舍

　　"不想让一个孩子辍学，那只能办寄宿制学校。"没有宿舍，她就四处筹措资金。她带领大家采购水泥砖和石棉瓦，没有椽皮和檩条，就组织发动学生家长、当地村民和老师，到自留山里砍。材料备齐了，为了抢进度按时开学，晚上她就到学生和农户家去，挨家挨户动员村民出工出力，通过整整两周的辛勤劳动，终于搭建成了 160 多平方米的简易棚子，让路途远的 68 名学生安心住校。一所寄宿制农村小学就这样诞生了！

交谷村村主任罗小南是当时第一批住校生。他回忆说，"一开始在学校的楼梯间住了半年，都是一至三年级的，个头都不大，一个楼梯间用砖头和木板支成通铺可以住 4 个孩子。"

住的问题解决了，吃饭又是问题，汪付珍摇身一变，成了"厨师长"，带着老师轮流给住校生做饭。

"一开始以老师帮我们做为主，后来我们高年级的同学从家里带米、带菜、带柴火，主动参与分担生活事务，再后来学校结合我们的课程学习、习惯养成、生活内务等方方面面制定了一些制度，让我们学生自己管自己，引导高年级帮助低年级，同班级共寝室的同学之间互相帮助。"罗小南说，很多年以后他意识到，那段寄宿经历对之后人生影响很大，从中他学到了很多课本上学不到的东西。

2008 年，龙滩水电站库区水位淹没到学校坎脚，有地质滑坡灾害隐患，教室出现大面积裂缝，"四小"面临第二次搬迁。而且，五星村也面临整体搬迁。

事非经过不知难。为了不让一名学生辍学，为了确保库区学生正常上课，在县委、县政府的高度重视下，学校立即采取应对措施：借用县福利院作为学生生活区，借用县职业学校作半日制教学区，实行两地管理。

当时，村民和学生家长对政府未预先修建学校意见很大，而且，两地管理工作压力大、困难重重。为了消除群众对政府的不满情绪，避免安全事故发生，保证教学质量不滑坡，在不具备住校条件（即无工勤人员、无生活老师、无医务人员、无安保人员、无相应资金）的情况下，汪付珍把学生当着自己的孩子来呵护。每天早上 6 点半，她就准时到福利院和管理带班老师一起，照看学生的起居，她还亲自为住校生烧开水、做饭、洗衣，然后把学生送到"职校"上课。下午放学后，又把学生送到福利院，直到晚上，学生们都熟睡了才回家。

"借县职中（罗甸县中等职业学校）的教室上课，借县福利院作为学生宿舍，在一定程度上把家长、社会的责任揽到学校来，全部由我们扛着，我们的工作量增加了。"最初有很多老师不太理解，心有埋怨。"校长比我们更辛苦，我们没有理由不尽责。"回想当时的办学情景，已经退休的老师徐茂英说。

这个"两头跑"的寄宿制学校办了两年，直到罗甸县另址规划的新"四小"建成。2010年，县职校因扩大招生规模，没有教室上课，这时，"四小"几经折腾，最后决定，只有搬到尚未完工的新学校上课。那段时间，为保证学生的安全，保证学校正常上课，汪付珍时刻与值班老师一道，与学生同吃同住、同喜同乐、共渡难关。历经风雨，终见彩虹。同年9月，新校园建成，罗甸县第四小学的寄宿制办学有了更广的空间。

在硬件建设的同时，汪付珍狠抓学校管理。一有空，她就到课堂上听课，一个学期下来，她听课的次数达六七十节以上。一些青年老师刚分配到学校，她就手把手地教她们如何上好课，经常一起研究制作课件，反复听试教课。一招一式，一言一行，让青年教师尽快成长起来，成为教学骨干。经过培养，先后有王菊皋老师、黎祥林老师、姚秀娟老师成为省级名师、省级骨干和州级骨干教师；青年教师韦青参加2020年州级英语课比赛获一等奖；王丹萍、王菊皋、孟永霞在州级优质课比赛中获得二等奖；姚秀娟、岑红现等在州级优质课比赛中获得三等奖。

她时刻以一名优秀的共产党员标准严格要求自己，干净做人，认真做事。学校大大小小的事，她不仅让老师们知道，还请五星村"两委"班子、

◎ 师生自力更生绿化校园

学生家长代表参与、知晓，用自己的人格魅力去影响他人。她从不利用权力乱开支，做到公私分明，把有限的资金全部用在学校、教师和学生身上，全力改善学校育人环境。她经常说，如果连学校都出现腐化了，社会管理就完了。作为一名党员、一位名校长，一个劳模，她时刻警醒自己和身边的家人、同事，万不能成为跌入蜜糖里的苍蝇，永难自拔，努力让学校成为一片洁地净土。

在汪付珍的带领下，罗甸县第四小学已经环境舒适，管理规范、现代化设备完善，管理一流的省、州级农村留守儿童寄宿制示范学校。目前，学校占地面积110亩，校舍总建筑面积19331.7平方米，49个教学班，学生2490人，其中留守儿童1678人，留守儿童寄宿学生1172人，教师128人，工勤人员26人。生源覆盖全县所有乡镇的留守儿童、易地搬迁与移民子女，以及省外进罗甸务工的农民工子女。

二、不忘初心甘做"留守儿童妈妈"

"山高路远求学难，许多孩子不得不辍学。这些孩子辍学后，知识文化能力不足，视野受限制，最终陷入了'贫者愈贫'的恶性循环怪圈。"汪付珍很早就意识到在农村学校施行寄宿制办学的意义。

罗甸县第四小学是全县规模最大的农村留守儿童示范学校。许多学生家长外出打工，留守儿童缺少家庭教育，校园就成了他们获取知识、学习做人的成长之地。为了让留守儿童也能接受良好教育，汪付珍提出了"一花一世界，一人一追寻——让每一个孩子因教育而健康成长"的办学理念，并严谨秉承"勤奋、求实、拼搏、奉献"的校训。

◎ 罗甸县第四小学全景图

为了让离开爹妈的孩子有人管、有人疼、有人教、有饭吃、有衣穿、有学上，让外出务工的家长对留在家的孩子放心，汪付珍把关爱留守儿童工作贯穿于学校教育的全过程，大力营造"像家庭一样的学校，像父母一样的老师，像兄弟姊妹一样的同学"的育人环境。

在汪付珍的带领下，罗甸第四小学开展了"四在校园"创建活动，提出了"家园办学"的教育理念，即让留守儿童"吃"在校园解忧愁，"住"在校园受关爱，"学"在校园长知识，"乐"在校园感幸福。让留守儿童感受"家"的温暖和关怀。从学生养成教育着手，规范学生行为习惯的养成；学校开设的第二课堂，围绕"闲暇课程资源包"开展了 12 个大项 54 个课程的活动项目，通过完善和优化课程来培养孩子的全面发展。

学校营造"家"的良好氛围。在留守儿童的管理上，实行"代理家长"制，要求每位教师担当一名留守儿童的"代理家长""爱心妈妈"，汪付珍本人也代理多名留守儿童家长。除了上课之外，老师们放弃节假双休日，陪伴留守儿童看书、做作业、看电视、过生日、包饺子、做汤圆、牵手他们上街买衣服，教会他们洗脸、洗脚、洗衣服，拉着小手做游戏，让老师的大爱充实着每一名留守儿童的成长空间。

作为寄宿制学校的校长，需要时刻绷紧神经。因此，汪付珍坚持做到每天第一个到学校、最后一个离开学校。为了应对学校突发事件的发生，她的手机 24 小时不关机。每次外出开会或学习，她的心里总是牵挂着学校，牵挂着学生，外出回来她就立刻赶到学校看望学生。由于"四小"寄宿学生多，一旦有学生生病，特别是晚上，她总是第一时间赶到现场进行处理再通知家长，第一时间把学生送到就近医院并且先垫付医疗费，在医院守护到学生家长到来了才离开。这些年来，她为学生垫付的医疗费，数额是多少她自己也记不清了，只要学生好，她就感到很欣慰。

为了能把关爱留守儿童工作做好，她组织全体教师对所有留守儿童进行摸底详查，记录他们的住址、家庭电话、务工父母名单、联系方式等，并建立留守儿童台账和档案，根据调查掌握的情况，落实扶贫助学及帮扶机制。汪付珍还立了一项规矩：学校必须与家长保持沟通，让家长及时了解孩子情况。每年春节，利用农民工返乡的时机，她组织召开返乡家长会、座谈会。

近年来，学校先后帮扶贫困留守儿童600多人次，帮扶的资金和学习用品等超过100万元。她个人也一直资助两名孤儿的学习和生活费用，同时用自己的工资和所获得的各项奖金3万余元为近30名贫困留守儿童购买学习用品和衣物。她还用自己受表彰的奖金，甚至用微薄的工资为困难留

◉ 支助贫困儿童家庭生活补助金

守儿童购买学习用品、衣服等。2018 年冬天，她用自己获得的奖金为学校20 名衣服单薄的孩子购买了共计 6000 多元的棉衣和学习用品。

罗甸县第四小学在汪付珍的带领下，全体老师从生活管理、行为教育、学习辅导、心理教育、安全保障等着手，对学生"高看一眼，多问一声，多帮一把"，十几年如一日，这才探索出针对留守儿童的"以校为家·四在学校"的幸福校园管理模式，校园已成为众多留守儿童的温暖家园。

为了留守儿童吃得健康，进而"食"在学校无忧虑。学生营养餐由"校关工委"和家长委员会跟进监督管理，学生食堂做到每餐"三菜一汤"，外加"一个鸡蛋一个苹果"，每天菜谱不重复，让每一位留守儿童吃得饱、吃得好、健康成长。

为了留守儿童"学"在学校、"乐"在校园，充分利用学校建成的少年宫各类器材设备，开设了 7 大项 35 个小项的乡村少年宫课程，组建了 35 个兴趣爱好班。在开设的课程中，融入了手工、剪纸、乐器、民族歌舞等地方民族文化，让留守儿童利用课余休息时间和假期，吹拉弹唱、练字绘画，抒发情感，丰富留守儿童的课余和暑期生活。汪付珍还经常性地开展书画、演讲、口才、球类等特色比赛活动，给孩子们提供展示自我的舞台，让孩子们在乐中学，在学中成长。

每年 9 月新生进校，汪付珍最揪心的是孩子们的生活自理问题。第一天晚上，她都要亲手教他们学会基本生活技能。比如，教他们怎样摆设洗漱用品、怎样清洗存放衣物、怎样折叠被子、怎样使用卫生间，等等。她特别叮嘱内裤内衣不能与袜子一起浸泡，气候变化要注意衣物增减、更换。

"摆放洗漱用品、存放衣物、折叠被子、使用卫生间、清洗小件衣物……这些事情对于我们大人来说都是琐碎小事，但是对于刚刚进校的孩子来说，却是关乎孩子一生的大事情。"

开学的头两周，她都要在学校住，每晚巡寝两次，以防学生踢被子而感冒。特别对于有尿床习惯的学生，要提醒起夜。2014 年秋，新入住的 80 多个一年级学生中，有 5 个学生经常尿床，经过半个多月的巡寝提醒后，这些学生基本能够自我调节，没有尿床了。

2016 年 6 月 19 日，那天是周日，次日要上课，下午 6 点多钟她出差刚回县城就先到学校查看学生返校情况。当她走到学生宿舍门口时，看见一年级的一个学生手提着裤子站在门口，满脸通红，她蹲下抚摸他的头，问："你怎么啦？"他说："屎拉在裤子里了。"她问："今天吃什么东西？"他说："中午跟爷爷在瓜地吃了很多西瓜，刚到学校肚子就咕咕叫，憋不住就拉了。"她就帮他脱裤子，看到下半身全是屎，就抱起他到卫生间洗，找裤子给他换上。还有的一年级学生，刚进校时，上厕所不会擦屁股，提着裤子走出来哭，她都得帮他们擦。汪付珍已经记不清给多少个一年级的学生擦过屁股了。

"不能辜负'留守儿童妈妈'这个称号。"汪付珍说，自从罗甸县第四小学开始农村寄宿制办学尝试后，很多外出务工的农民工将孩子送到学校，将孩子的自主学习意识和吃喝拉撒睡等生活习惯养成任务一起"全托"给她和老师们，如此一年、两年……至今仍在持续。

有时候，留守学校的学生想家了，就会偷偷往外跑。2012 年 11 月 14 日下午，一年级女学生韦友莉因想家，放学后就偷偷从栏杆下钻出去。汪付珍发现学生不见后，马上联系她奶奶，她奶奶说，孩子并没有回家。汪付珍意识到事态严重，一边向教育局汇报，一边制定寻找孩子的方案，老师们兵分几路，拿着孩子的照片，四处寻找。游戏室、街道、广场、学生亲戚家等，找遍了每个角落，饿了顾不上吃，口干了喝一口水，不停地寻找，直到凌晨 1 点多钟，仍无音讯。因为老师们第二天要上课，她就叫老师们先回去，她和分管安全的副校长和宿管员继续找。

夜深了，她的心里在牵挂着孩子的安危，心里一遍又一遍在呼唤：孩子，你现在究竟在哪里呢？

第二天，天刚发亮，汪付珍就在学校路口守候，学生们都来上学了，但还是没有韦友莉的影子，当时她全身发软，心想一定出事了。正当老师们返回到学校路口时，恍惚看到一个学生影子在不远处的涵洞口晃了一下。她飞快地跑过去，果然真是韦友莉。当时她真的忍不住放声大哭。当孩子的奶奶来到时，拉住她的双手，流着眼泪说："孩子不听话，让你们受累了，孩子在'四小'读书，我们真的很放心啊。"

她对学生的精心照料，招来老师们的疑问与好奇。在2017年的一次党内民主生活会上，老师们对她说："校长，你对孩子那么好，他们又不是你家的娃娃，你却对我们那么严厉、那么苛刻。"她回答说："如果家长说我对学生不好，那我得要反省了，对你们严，是'爱'啊。"会场上，响起雷鸣般的掌声。大家都说："校长，为了1600多名留守儿童的快乐健康成长，我们一起努力吧。"当时，她热泪盈眶，立即站起来向老师们深深地鞠躬。

◉ 汪校长和学生们在一起

　　罗甸县第四小学毕业生帅兴文是南部战区第75集团军某旅的一名直升机飞行员，是军中的佼佼者，肩负着探索空地融合训练、提升空地一体打击能力的重任。但是每次回家，他都会回罗甸县第四小学看望"汪妈妈"，看望正在经历"留守"的学弟学妹们。他总是说，无论自己飞多高，罗甸县第四小学都是自己专用的"停机坪"，他愿意常回家看看，向"汪妈妈"分享自己的光荣与成就。

　　帅兴文说，没有"汪妈妈"的谆谆教诲，就没有他的今天。"刚开始，我是在董架乡田坝小学上学，因为父母都在县城的砖厂打工，读到三年级的时候就转学到'四小'，在这里读了4年，2006年毕业后考进罗甸县民族中学。""汪妈妈'教我们的数学，还很关心我们的生活。当时，因为我爸爸在砖厂上班收入并不高，我表姐、弟弟和妈妈还有我，几个全都靠着爸爸，家里很拮据，没有钱买校服，'汪妈妈'就把我叫到办公室，悄悄塞给我一套。她嘱咐我不要告诉别的同学，过了很久我们才知道，我们班大部分的同学都得过她的资助。每一次她都这么说，其实都是在努力地护着我们小小的自尊心。"

　　王绿云是汪付珍最器重的学生之一。她回忆说："从'四小'毕业已经14年了，'汪妈妈'头上都有白头发了，现在我还经常会想起以前在学校时的点点滴滴。"

　　2012年高考前，王绿云家突逢变故，她母亲因为急性心肌梗死去世。刚听到这个消息时，汪付珍心里猛地揪了一下。王绿云在"四小"时就是全班师生的"宝贝疙瘩"，从"四小"毕业后汪付珍和老师们也一直都关注着这个孩子的成长。这样的变故对敏感的王绿云来说意味着什么，汪付珍心里很明白。

　　一听到王绿云妈妈去世的消息，汪付珍马上带着几个老师赶到王绿云家，去给她做心理疏导，确保她能以最佳的心理状态应对高考。"她的心理调适能力很强。"汪付珍说，王绿云母亲 5 月 28 日去世，6 月 7 日她就参加高考。很多人都为她捏了一把汗，等到高考成绩公布，大家都被惊着了：她考了 603 分，是全县文科第二名，最后被中央民族大学录取。

"'汪妈妈'曾说，山外的天空很纯净，山外的生活很美好，我们应该走得更远看到更多，让未知变成已知，让不可能变成可能。"王绿云说，当她回顾自己的学习和生活经历时，印象最深的是坝王河畔那段快乐的"小学时光"，以及汪付珍给她的人生启蒙。

这些年来，尽管汪付珍经历了苦、痛、累，多少次想放弃，多少人奉劝她不要当寄宿制学校校长，但每每回想起家长的话，想想没有人管教的孩子，想起孩子叫她一声"妈妈"的时候，她就更加坚定起来，决心用微弱的臂膀，护住这些留守学校的孩子，担当起校长、"保姆"的职责！

在她的带领下，罗甸县第四小学在探索农村留守儿童教育教学管理方面效果显著，先后获得了多项荣誉称号。自 2016 年以来，先后被评为省级"四在学校幸福校园"示范校、黔南布依族苗族自治州推动科教进步先进集体、黔南布依族苗族自治州安全文明校园、贵州省文明校园、第一届全国文明校园、全国中小学德育工作优秀案例、贵州省中小学校本研修示范校、贵州省职工书屋、黔南布依族苗族自治州五星级基层工会；2018 年学校"闲暇课程'资源包'建设"获贵州省教学成果一等奖、国家教学成果二等奖。

满腔热血洒桑梓，一片丹心为教育！她常对大家说，荣誉只能代表过去，并鼓励大家：罗甸县第四小学在各级党委、政府、教育主管部门的关心帮助下，在各级各部门的大力支持下，在全体教职员工的不懈努力下，一定不负厚望，再创辉煌！

三、一枝独秀不是春，百花齐放春满园

自 2016 年"汪付珍劳模创新工作室"和"贵州省汪付珍名校长工作室"成立以来，汪付珍以工作室为平台，积极发挥热能效应，经常到其他学校"把脉诊断"，根据实际情况，帮助学校提炼办学理念，打造校园文化，提升管理水平，对教师进行专业化发展培训。

2017 年 9 月，得知红水河中心校在发展中遇到了困难和瓶颈，汪付珍带着工作室成员急忙赶去，帮助学校梳理存在的问题，提出整改意见，并实行"清单式"管理。红水河中心校的巨大变化得到贵州省教育督查组的充分肯定。

"你帮我，我帮他，大家帮大家。"罗甸县第四小学声名远播，六盘水、遵义、都匀、平塘、望谟等地教育系统多次到学校观摩交流，学习"四小"的办学方略和教育教学管理经验。

近年来，先后有黔南布依族苗族自治州 13 个县市教育管理干部，遵义市教育系统干部，遵义市正安县第四小学、六盘水张弘工作室成员学校、贵阳尚义小学、覃宏工作室成员学员学校等兄弟学校，到罗甸县第四小学进行教育教学管理交流研讨。汪付珍同志接待此类交流活动达 50 多次，近 2000 人次。来访者内心震撼，收获满满，罗甸县第四小学的办学思想、办学理念、管理模式受众人称赞并积极推广。

"从校园环境、宿舍卫生、食堂用餐等细节可以看到老师们的付出，精细化管理已成为办学常态。"来自六盘水张弘工作室的老师们在"四小"参观时连连感叹。

汪付珍就是这样，以一位教育界劳模的正能量，唱响"幸福是奋斗出

◉ 在木引小学集团分校开学督查指导工作

来的"劳动者之歌，向全社会讲述最美劳动者的故事。2018 年 5 月到 2019 年 4 月期间，她先后 4 次到贵阳学院为全省贫困县校长、骨干班主任等做 《学校精细化管理》《教师专业化成长》《新时期校长的责任与使命》和《家校合作之留守儿童管理》的专题培训，参训人员共计 900 人；2018 年 7 月 19 日，她还应北京师范大学教育培训中心的邀请，到北京师范大学为山西、陕西校长班做《留守儿童有效教育创新策略例谈》的主题报告；2018 年 11 月 3 日，应贵州省教育厅邀请，赴德江县对全县中小学校长共 200 人，做 《新时化背景下立德树人和校长使命与责任》的专题报告；2018 年 10 月 21 日和 11 月 2 日受贵州大学邀请，作为"国培"培训专家，为全省贫困县薄弱学校校长、班主任分别做《建寄宿制学校促进教育均衡发展》和《教师

◉ 在罗悃镇全体教师大会上做教师专业化培训讲座

专业化成长》两个专题的报告。近年来，她在省内外高校作教育管理专题培训累计超过 80 余场。

2018 年春季开学期间，汪付珍又接到了一个"传帮带"任务：为罗甸县 35 所乡镇学校把脉诊断，提升薄弱学校办学水平，促进区域教育均衡发展。为了完成任务，她对 35 所学校中层以上领导进行培训，并到各校实地走访调研，就校园环境、文化建设、养成教育等方面提出了整改措施。

为了使县域内更多的留守儿童享受罗甸县第四小学优质的教育教学资源，学校在县教育局的安排下，施行了集团化办学，以"四小"作为集团总校，对木引小学、逢亭小学、沫阳民族小学、边阳越秀实验小学四所分校进行帮扶。汪付珍经常到"四小"教育集团分校和工作室成员学员学校把脉诊断，根据实际情况，帮助学校提炼办学理念，打造校园文化，提升学校管理，对教师进行专业化发展培训。采用跟岗学习、集中培训、送教下乡等方式，以"扶理念、扶师资、扶课堂、扶科研、扶治理"为内容，以"研、训、学"研修模式为载体，驱动乡村教师的发展。集团校内的教师执行统一管理、统一考核的模式，从而提升四所集团分校的办学水平。在她的带动下，"四小"教育集团分校和工作室成员学员学校面貌一天一个样，四所学校办学水平和教育教学质量得到了有效提升，为推动区域教育均衡发展和促进地方的经济发展做出了贡献。

罗甸县第四小学是全县小学校长培训基地。汪付珍充分发挥贵州省名校长工作室平台作用，引领带动全县 13 所校长专业成长，管理发展好学校，在学校把有管理、协调和组织能力的年轻教师培养为学校管理干部，

◎ 劳模工作室学员培训合影

给他们搭台子，压胆子，使他们快速成长，为部分乡镇学校输送校长。

按照省教育厅"教育精准扶贫"要求，汪付珍积极发挥劳模工作室在全省教育精准扶贫中的带动作用。"阻断教育的代际贫困，不让一个孩子输在起跑线上"是汪付珍履行劳模的责任与担当。2017年11月，她到荔波县甲良小学作"如何凝练办学理念"的专题培训与指导。2018年3月至5月，荔波县甲良小学及甲良镇各学校领导班子共计50余人，先后到罗甸县第四小学跟岗学习。2018年6月26日至27日，她率工作室成员前往甲良小学，实地查看跟岗校长、教师返校后对学校管理工作的改进情况，对13所学校存在的共性问题，提出了改进意见，有力地推动了甲良小学的教育发展。甲良小学莫春宏校长感慨地说："汪付珍校长对教育的爱心、热心、诚心、耐心，探索高效、优质教育的实践精神，为甲良教育脱贫攻坚工作开辟了新的路径。"

在帮助别人的同时也成就了自己，发展了自己，罗甸县第四小学在劳模创新工作室的引领下也在快速发展。2018年六一儿童节前夕，时任贵州省委书记孙志刚在给罗甸县第四小学全体少先队员的回信中说："学校环境更好了、学习条件改善了，还涌现出省、州优秀少先队员，我为你们感到特别开心。你们的进步和学校的变化，是近年来全省特别是贫困乡村脱贫攻坚和教育事业大踏步前进的一个缩影。"

一分耕耘，一分收获。近年来，汪付珍先后荣获多项省级以上各类表彰：2014年8月被贵州省人民政府评为"特级教师"；2014年9月被国务院授予"全国民族大团结优秀个人"荣誉称号；2015年4月被贵州省委、省政府评为"省级先进工作者"；2015年12月被新华社中国网事网络感动人物评选组委会授予新华社"中国网事·感动2015"第三季度网络感动人物；2015年5月被贵州省教育厅评为"贵州省小学名校长"；2016年8月被贵州省教育厅授予"劳模创新工作室主持人"；2018 年 2 月评为 2017 年度全省学校安全教育管理综治工作先进个人；2018 年 4 月获贵州省教育教学成果一等奖，2018 年 9 月获国家第二届教学成果二等奖。2019 年 4 月被黔南州委、州政府评为"黔南州教育工作先进个人"。

　　爱岗敬业，爱生如子，是认识汪付珍的人对她的一致评价。她 35 年如一日坚守在教育一线。她和众多的教育工作者一样，将青春与智慧都献给了贫困山区的教育事业，但她又与众多的教育工作者不同，她是山区众多留守儿童的"妈妈"。她用自己的勤劳和汗水，在地处麻山腹地的罗甸县，谱写了一曲意义非凡的教育之歌。

后 记

中华人民共和国成立以来，麻山深处红水河畔的罗甸县英模辈出，先后涌现出了 11 位全国劳动模范和 2 位"全国五一劳动奖章"获得者，被外界称为"罗甸现象"。

从 20 世纪 50 年代新中国第一批全国劳模王甫小荣，到平岩油龚大山里面走出来的"猪倌"劳模潘玉先；从 1970 年代边阳交砚战天斗地的开荒人饶早明，到 1980 年代红水河畔的"女财神"李桂莲；从初心如磐的蔬菜科技"二传手"胡天英，到大山深处一面不倒的旗帜何元亮；从"年薪" 365 斤苞谷的代课教师李兹喜，到信邦制药公司技术突破的"功臣"罗谋；从东跃村最具"石头"脾气的致富能手汪财发，到油海村的带头人马廷科；从悬崖绝壁上凿出"麻怀出路"的当代"女愚公"邓迎香，到功成不忘报春晖的"花甲校长"吴万辉，再到山区寄宿制学校留守儿童的"汪妈妈"汪付珍，罗甸劳模群体与时俱进、历久弥新。他们是一个个高高耸起的高原，是一座座精神高地，是我们党和国家的宝贵财富，也是新时代贵州精神的集中体现。

2019 年 9 月，黔南"中国天眼"——麻怀党性教育基地被列为省级党员干部党性教育基地（2021 年 10 月，更名为中共贵州省委党校、中共黔南州委党校麻怀现场教学基地）。在建党百年之际，为充分发挥罗甸劳模群体和劳模精神对党员干部的教育培训作用，提高干部教育培训工作水平，进一步挖掘罗甸劳模群体的精神内涵和时代价值。由黔南布依族苗族自治州委组织部、中共罗甸县委牵头，成立由省委党校马克思主义与党的建设研究院、罗甸县委组织部、罗甸县委党校等单位专家学者组成的编写组，决定编写出版《逐梦新时代——罗甸县劳模群英谱》一书。在编写组专家学者的共同努力下，历时大半年，几易其稿，终于完成了本书的编撰工作。

中共黔南州委常委、中共罗甸县委原书记杨朝伟，中共黔南州委组织部副部长张军，现任县委书记梁玉林，县长朱泉，县委常委、组织部部长、县委党校校长闵端等同志高度重视，对本书的编撰提出了指导性意见。全部书稿由中共贵州省委党校马克思主义研究院主持工作的副院长郑东升教授审定、修改。同时，中共罗甸县委党校原常务副校长王世昌亲自带队深入劳模所在村寨、单位进行调研，跟踪本书的编写工作，对遇到的困难及时进行沟通，确保了撰写工作的顺利进行。

本书具体写作分工如下：贵州省委党校马克思主义与党的建设研究院郑东升教授负责《前言》、《大山深处一面不倒的旗帜：何元亮》；罗甸县委党校常务副校长王世昌负责《功成不忘报春晖的"花甲校长"：吴万辉》；贵州省委党校马克思主义与党的建设研究院李秀军副教授负责《罗甸县的第一个全国劳模：王甫小荣》、《大山里走出的"猪倌"劳模：潘玉先》、《战天斗地的开荒人：饶早明》；贵州省委党校马克思主义与党的建设研究院王娟副教授负责《红水河畔的"女财神"：李桂莲》、《初心如磐的蔬菜科技"二传手"：胡天英》；贵州省委党校马克思主义与党的建设研究院陈海兰副教授负责《"年薪"365斤苞谷的代课教师：李兹喜》、《山区留守儿童的"汪妈妈"：汪付珍》；贵州省委党校马克思主义与党的建设研究院王芳副教授负责《信邦公司技术突破的"功臣"：罗谋》、《当代"女愚公"：邓迎香》；贵州省委党校马克思主义与党的建设研究院王代莉教授负责《具有

"石头"脾气的致富能手：汪财发》；贵州省委党校马克思主义与党的建设研究院黄亦君教授负责《油海村的带头人：马廷科》。罗甸县委党校王玲、罗祥祖、陈香、祝加利、廖家洋、黄呈江、黄兴杰、余开勇、石毅、蒙豪、李华香、晏江兰、徐琳、张春梅、郑俊梅、周菊、吴峰、曾晶、王兴帅等教师对本书亦有贡献。感谢贵州大学哲学与社会发展学院罗绂文教授为本书题写书名。作为从罗甸走出来的文化名人，罗教授对家乡的拳拳之情让我们深为感动。

　　本书的完成，得到了相关乡镇村（居）、学校、企业的大力支持和帮助，他们为编写组提供了大量的资料。另外，本书编写时，参考和吸收了部分报刊、书籍、网上资料等已有研究成果，但限于篇幅，未能一一列举，在此表示歉意。在本书编撰完成之际，编写组向所有关心支持本书编撰的有关部门和同志致以诚挚的谢意。

　　由于认识和研究问题的能力和水平有限，书中可能存在瑕疵、疏漏之处，恳请大家不吝赐教并批评指正。

本书编写组

2021 年 11 月